全国公共图书馆事业发展战略研究丛书

公共图书馆管理运行机制改革创新

广东省立中山图书馆
中山大学国家文化遗产与文化发展研究院 编著

国家图书馆出版社

图书在版编目（CIP）数据

公共图书馆管理运行机制改革创新 / 广东省立中山图书馆，中山大学国家文化遗产与文化发展研究院编著. —北京 : 国家图书馆出版社，2023.4

（全国公共图书馆事业发展战略研究丛书）

ISBN 978-7-5013-7586-8

Ⅰ.①公… Ⅱ.①广… ②中… Ⅲ.①公共图书馆—图书馆工作—研究—中国 Ⅳ. ①G259.252

中国版本图书馆CIP数据核字（2022）第176087号

书　　名　**公共图书馆管理运行机制改革创新**
GONGGONG TUSHUGUAN GUANLI YUNXING JIZHI GAIGE CHUANGXIN

著　　者　广东省立中山图书馆　中山大学国家文化遗产与文化发展研究院　编著

责任编辑　邓咏秋

封面设计　耕者设计工作室

出版发行　国家图书馆出版社（北京市西城区文津街7号　100034）
（原书目文献出版社　北京图书馆出版社）
010-66114536　63802249　nlcpress@nlc.cn（邮购）

网　　址　http://www.nlcpress.com

排　　版　北京旅教文化传播有限公司

印　　装　河北鲁汇荣彩印刷有限公司

版次印次　2023年4月第1版　2023年4月第1次印刷

开　　本　710mm×1000mm　1/16

印　　张　10

字　　数　130千字

书　　号　ISBN 978-7-5013-7586-8

定　　价　58.00元

丛书编委会

本书编委会

主　　编：王惠君　程焕文　肖　鹏

编　　委：吴　昊　李毅萍　徐玉兰　刘　洪

史江蓉　左都雯　陈润好

编撰成员

学术统筹：程焕文

广东省立中山图书馆团队

负 责 人：王惠君

成　　员：吴　昊　李毅萍　徐玉兰　刘　洪

史江蓉　左都雯　陈润好

中山大学团队

负 责 人：肖　鹏

成　　员：沈钧悦　莫纯扬　王　影　陈　苗

刘姝贤　黄书悦　麦洁雯　王　朦

陈思玲

目　录

总　序

凡事预则立，不预则废。长期以来，面向未来开展战略研究、科学编制中长期发展规划是指导我国经济社会快速稳定发展的宝贵经验。从 1953 年开始制定实施五年规划，我国目前已编制了十四个五年规划。这些五年规划不仅有利于保持国家战略连续性、稳定性，将战略思路落到实处，而且有利于明确未来一段时期内的发展目标和重点任务，集中力量办大事。公共图书馆历来也十分重视编制中长期发展规划，早在 1956 年国家图书馆就制定了第一个中长期发展规划——《北京图书馆十二年（1956—1968）工作规划纲要》，特别是“十二五”以来，《全国公共图书馆事业发展“十二五”规划》《“十三五”时期全国公共图书馆事业发展规划》发布后，很多图书馆也都开始围绕图书馆事业发展的重难点开展研究，编制五年发展规划，指导事业未来五年的发展方向。

“十四五”时期是我国在全面建成小康社会、实现第一个百年奋斗目标之后，乘势而上开启全面建设社会主义现代化国家新征程、向第二个百年奋斗目标进军的第一个五年。当前，世界多极化、经济全球化、社会信息化、文化多样化深入发展，公共图书馆事业正在经历传统媒体和新媒体融合发展带来的海量异构资源的巨大考验，经历数字网络环境下多元信息服务平台的强势竞争，经历在线学习、开放科研、协同创新等信息与文化交流传播新形态的猛烈冲击，经历新冠肺炎疫情导致疫情防控、经费缩减和服务需求变化的严峻考验，面向“智慧社会”的公共图书馆事业转型创新迫在眉睫。同时，

“文化强国”建设被提到突出重要位置，公共图书馆在国家经济社会发展中的地位、作用空前提高。2019 年 9 月，在国家图书馆建馆 110 周年前夕，中共中央总书记、国家主席、中央军委主席习近平同志给国家图书馆八位老专家回信，指出图书馆事业在国家发展特别是在文化发展中的突出重要作用和重要地位，明确强调“图书馆是国家文化发展水平的重要标志，是培育文化自信、滋养民族心灵的重要场所”，对图书馆事业提出“坚持正确政治方向，弘扬优秀传统文化，创新服务方式，推动全民阅读，更好满足人民精神文化需求，为建设社会主义文化强国再立新功”的殷切期望，为公共图书馆在新时代继续推进图书馆事业，服务国家发展大局，服务公众终身学习指明了前进方向，提供了根本遵循。2021 年 3 月，《中华人民共和国国民经济和社会发展第十四个五年规划和 2035 年远景目标纲要》明确提出，要推进公共图书馆等公共文化场馆免费开放和数字化发展；深入推进全民阅读，建设“书香中国”；加强古籍保护研究利用；积极发展智慧图书馆等。而后陆续发布的《“十四五”文化和旅游发展规划》《“十四五”公共文化服务体系建设规划》也都进一步明确了公共图书馆事业未来的发展重点。

为了应对当前经济社会改革发展和文化空前繁荣给公共图书馆事业带来的机遇和挑战，深入学习贯彻习近平总书记给国家图书馆八位老专家的回信精神，贯彻落实国家以及文化和旅游部系列“十四五”规划，近两年，图书馆行业围绕“十四五”时期事业发展，通过召开专题研讨会、实地调研、发表专栏文章、公开征求意见等方式，开展了大量调查研究及实践活动，国家图书馆和各级公共图书馆陆续编制了本馆的“十四五”发展规划，中国图书馆学会、全国图书馆标准化技术委员会等图书馆行业组织也陆续编制了“十四五”规划，为推动全国公共图书馆事业在新时代实现创新发展指明了方向。

2020 年 4 月，国家图书馆、中国图书馆学会受文化和旅游部公共服务司委托，承接“全国公共图书馆事业发展战略研究”项目，邀请 15 家副省级以上公共图书馆共同组成全国公共图书馆事业发展战略研究工作组，汇聚全国公共图书馆及全行业专家团队力量，围绕公共图书馆文献资源建设、基层公共文化服务、优秀传统文化传承发展、全民阅读服务、新技术创新应用等13个专题开展研究。通过文献整理、问卷调查、专家访谈、网络调研、实地考察等多种形式，全面总结我国公共图书馆事业的发展经验和问题，明确未来发展思路，共形成约122万字的15份调研报告，提出49项“十四五”时期重点项目建议，于2021年5月正式结项。为促进项目研究成果的转化利用，国家图书馆、中国图书馆学会联合项目成员馆策划出版“全国公共图书馆事业发展战略研究丛书”，这套丛书既有归纳全部研究内容的总报告，也有针对热点领域分析的专题报告。希望通过这套丛书的出版，为科学谋划公共图书馆事业“十四五”时期及未来更长远发展、支撑各级各类图书馆的中长期规划编制，以及图书馆学开展专业研究、文化主管部门进行有效管理提供参考。

丛书在编纂过程中，得到了全国许多图书馆的积极参与与热情帮助，得到了专家学者及其研究团队的理解支持与悉心付出，在此我谨向所有参与这套丛书编纂出版的机构与个人表达衷心谢忱。我们真诚地希望这套丛书能够为我国公共图书馆事业未来转型发展提供更好的思路和建议，同时也希望能够引发社会各界对公共图书馆事业未来发展的更多关注与思考。

文化和旅游部副部长、中国图书馆学会理事长

饶　权

二〇二一年十月

序

公共图书馆管理体制、机制和政策决定着一个国家公共图书馆的发展模式、发展理念、文明程度和成败兴衰，是公共图书馆事业建设与发展的根本。

新世纪以来，我国公共图书馆事业突飞猛进，新馆建设犹如雨后春笋层出不穷，单体建筑面积三五万平方米的公共图书馆比比皆是，诸如广州图书馆、湖北省图书馆、辽宁省图书馆、上海图书馆东馆等十万平方米以上的世界超大型公共图书馆亦司空见惯，美轮美奂的城市书房和现代化的智慧书房等新型阅读空间更是星罗棋布，遍及城市街区和边远山村，呈现出百年未有之公共图书馆繁荣发展局面，实现了从20世纪亦步亦趋步武欧美公共图书馆事业发展潮流的追兵和模仿者到新世纪锐意改革引领全球公共图书馆事业创新潮流的排头兵和领头羊的华丽转变。这一切无不源自国家公共图书馆管理体制、机制和政策的改革创新。

2006年9月颁布的《国家“十一五”时期文化发展规划纲要》正式将在市场经济发展中一直缠绕不清的公共文化与文化产业相分离，成为改革开放后我国公共图书馆事业发展的分水岭。以此为标志，可以将改革开放以来我国公共图书馆治理的发展划分为前后两个时期：第一个时期为公共图书馆市场化时期，“以文养文”“以文补文”和有偿服务大行其道，模糊和侵害了公共图书馆的公共性和公益性。第二个时期为公共图书馆公益化时期，保障和实现人民群众的基本文化权益和坚持把社会效益放在首位成为公共文化发展的方针原则，正本清源，重新恢复和确立了公共图书馆的公共性和公益性。

由此开启了新世纪我国公共图书馆管理体制、机制和政策创新发展的黄金时代。

在这个黄金时代，国家文化治理在顶层设计上奏响了改革发展的三步曲。国家文化发展五年规划的名称变化正是这三步曲乐章的真实写照：第一步从具体计划走向宏观规划，即从《文化事业发展第十个五年计划纲要》到《国家“十一五”时期文化发展规划纲要》；第二步从文化发展走向文化改革发展，即从《国家“十一五”时期文化发展规划纲要》到《国家“十二五”时期文化改革发展规划纲要》；第三步从文化改革发展走向新的文化发展，即从《国家“十三五”时期文化发展改革规划纲要》到《“十四五”文化发展规划》。如果说“十一五”规划的意义重在正本清源和泾渭分明，重新确立公共图书馆的公共性和公益性的话，那么，“十二五”“十三五”乃至“十四五”规划则重在深化改革和创新发展，重新确立具有中国特色的公共图书馆管理体制、机制和制度。在此过程中，国家公共图书馆治理体系和治理能力现代化建设一步一个台阶，树立了一系列公共图书馆治理发展里程碑。

2008年6月1日，住房和城乡建设部、国土资源部和文化部批准的我国第一个文化建设国家标准《公共图书馆建设用地指标》（建标〔2008〕74号）开始实施。

2008年11月1日，文化部编制、住房和城乡建设部与国家发展和改革委员会批准的《公共图书馆建设标准》（建标108—2008）颁布实施。

2011年1月26日，文化部、财政部发布《关于推进全国美术馆、公共图书馆、文化馆（站）免费开放工作的意见》（文财务发〔2011〕5号）。

2012年5月1日，中华人民共和国国家标准《公共图书馆服务规范》（GB/T 28220—2011）正式实施。

2012年6月4日，文化部社会文化司更名为公共文化司。

2015年1月14日，中共中央办公厅、国务院办公厅印发《关于加快构建现代公共文化服务体系的意见》（中办发〔2015〕2号）。

2015年5月5日，国务院办公厅转发文化部、财政部、新闻出版广电总局、体育总局《关于做好政府向社会力量购买公共文化服务工作的意见》。

2015年10月2日，国务院办公厅发布《关于推进基层综合性文化服务中心建设的指导意见》（国办发〔2015〕74号）。

2016年12月29日，文化部、新闻出版广电总局、体育总局、国家发展和改革委员会、财政部印发《关于推进县级文化馆图书馆总分馆制建设的指导意见》（文公共发〔2016〕38号）。

2017年3月1日，第十二届全国人民代表大会常务委员会第二十五次会议通过的《中华人民共和国公共文化服务保障法》正式施行。

2017年8月31日，中宣部、文化部、中央机构编制委员会办公室、财政部、人力资源社会保障部、国家文物局、中国科学技术协会联合印发《关于深入推进公共文化机构法人治理结构改革的实施方案》（文公共发〔2017〕28号）。

2018年1月1日，第十二届全国人民代表大会常务委员会第三十次会议通过的我国第一部图书馆法《中华人民共和国公共图书馆法》正式施行。

2021年3月8日，文化和旅游部、国家发展和改革委员会、财政部发布《关于推动公共文化服务高质量发展的意见》（文旅公共发〔2021〕21号）。

2021年11月1日，中华人民共和国国家标准《公共图书馆业务规范 第1部分：省级公共图书馆》（GB/T 40987.1—2021）正式实施。

在国家文化治理体系的顶层设计下，全国各地纷纷开展公共图书馆治理体系和治理能力的现代化建设。在此过程中，公共图书馆法人治理结构改革、公共图书馆人才队伍发展机制改革、公共图书馆总分馆制改革、社会力量参与公共图书馆建设机制改革、公共图书馆绩效评价机制改革，一直是公共图书馆管理运行机制改革的焦点、重点、难点和痛点。因此，全国各地公共图书馆在进行体制机制改革的探索与实践中，既有各具千秋的成功经验，也有形形色色的现实困难，可谓成就与挑战并存，喜悦与苦涩相伴，困难与希望同在。

正是在这样的情形下，受国家图书馆研究院的委托，广东省立中山图书馆和中山大学国家文化遗产与文化发展研究院共同开展了“公共图书馆管理运行机制改革创新”的专题研究。该研究成果的最大特色在于实事求是、经世致用，决不从书本到书本空谈性理、杜撰伪说，只从政策到实践探求真知、阐发灼见，其显而易见者有以下三端：

一、问题导向。该书在系统梳理十八大以来党和国家的公共图书馆治理政策、全面分析各项相关政策的具体实践与发展现状的基础上，从绩效评价机制、人才队伍建设机制、法人治理机制、图书馆合作协作机制和社会参与机制五个方面总结了全国公共图书馆在运行机制改革中面临的具体问题。全书以解决这五个方面的问题为导向，紧扣公共图书馆运行机制改革的发展实践，具体问题具体分析，进而提出解决问题的方向路径与对策建议。这种问题导向的学风，无论是现在，还是将来，都值得提倡，且应成为图书馆学研究的基本原则。图书馆学是一门致用科学，图书馆学研究必须面对图书馆实践，以解决图书馆现实问题、推动图书馆繁荣发展为根本目的。这是全球图书馆学界的普遍共识。在我国图书馆学研究脱离图书馆实践、游离于九霄云外的现象十分普遍且相当严重的今天，这种面向现实的问题导向学风自然值得赞扬和发扬。

二、案例分析。该书的主体部分为重点案例分析，包括图书馆绩效评价激励机制改革、人才队伍发展机制改革、公共图书馆法人治理结构改革、总分馆制改革、公共图书馆社会力量参与机制改革五个方面的重点案例分析。该书在分析每个方面的重点案例之前，对相应的公共图书馆运行机制改革发展现状和存在问题进行了详细陈述，然后再以在全国产生影响的成功案例为基础，分析各地公共图书馆因地制宜破解各种运行机制改革问题和困难的具体方法，案例典型生动，分析客观公允。虽然各地的经济、社会、教育和文化发展水平各异，也并非所有的成功案例都可以复制、推广，但是，能够汇集发达地区和欠发达地区的各类成功案例，也就能够为我国东部、中部和西部地区的各级公共图书馆运行机制改革提供可以相互学习、相互借鉴，乃至可复制、可推广的经验与模式。正因为如此，这些重点案例分析具有重要的理论阐发意义与实践参考价值。

三、对策建议。该书并没有止步于重点案例分析，而是以此为基础，从改革实践上升到理论创新，进一步提出了我国公共图书馆运行机制改革的战略思路、战略目标和建设方案。在总体方向上深化治理、激发活力，在绩效评价上以效能为准、以基层为重，在人才队伍上提高待遇、提供平台，在法人治理上全面铺开、落实权责，在体系建设上加强指导、充实内容，在社会力量上规范参与、吸纳资源，这些战略思路和共享协同、融合发展的战略目标，在宏观上可供国家制定有关公共图书馆管理运行机制改革发展政策和规划参考。

鉴于我国公共图书馆服务体系建设存在县（区）级图书馆指导能力不足、省级公共图书馆的作用尚未充分发挥、公共图书馆体系服务效能不理想等诸多问题，该书适时提出建设省域公共图书馆体系的重点方案：第一，通过建设省级读者用户中心、书目数据中心、参考咨询中心、资源管理中心、协作协调中心和人才培养中心“六个中心”，充分发挥省级公共图书馆的中枢馆作用。第二，通过资源共享、服务联动、业务统筹和管理协作“四类融合”，充分发挥市级公共图书馆的中心馆作用，切实发挥市级公共图书馆上下互通、融合指导的作用，推进市域公共图书馆建设。第三，利用多元化建设、主体化发展和分众化服务“三种路径”，充分做好县域公共图书馆的融合发展工作。这个重点方案颇具前瞻性、创新性和必然性，堪称该书最为光耀的亮点，相信在不远的将来会成为我国公共图书馆服务体系建设的发展方向和创新重点。

新世纪以来，我国公共图书馆服务体系建设生机勃勃，成就斐然，公共图书馆治理体系和治理能力的现代化建设则方兴未艾，任重道远。这二者相辅相成，不可或缺，共同构成了我国公共图书馆改革发展的主旋律。相信在我国公共图书馆治理体系和治理能力实现现代化之时，中国公共图书馆亦必将屹立于世界公共图书馆之林。

是为序。

程焕文

二〇二三年三月十九日

于中山大学康乐园竹帛斋

1 绪论

1.1 研究目标

在推进国家治理体系和治理能力现代化的过程中，文化建设不能缺位。2013年，党的十八届三中全会通过《中共中央关于全面深化改革若干重大问题的决定》，事业单位体制改革和文化体制改革成为全面深化改革若干重大问题的构成部分。2019年召开的党的十九届四中全会进一步推进国家治理体系和治理能力的现代化，指出要健全人民文化权益保障制度。全面深化改革六年来，事业单位体制改革和文化体制改革不断向纵深推进，有关政策不断出台。2020年召开的党的十九届五中全会提出要进一步推动社会主义文化强国的建设，围绕“举旗帜、聚民心、育新人、兴文化、展形象”的使命任务，促进满足人民文化需求和增强人民精神力量相统一，文化治理现代化仍是“十四五”建设期间的重点内容。

在全面深化改革、加快文化治理现代化、坚持人本理念的背景下，公共图书馆管理运行机制改革备受重视。本书依据党和国家有关加快推进文化治理现代化、文化体制改革、事业单位改革的政策要求，在借鉴国内其他同类事业单位，特别是公共文化机构体制机制改革经验基础上，梳理近年公共图书馆在革新法人治理结构、优化绩效评价奖励制度、吸引公众力量参与等领域改革创新的成果，总结相关经验，分析我国公共图书馆管理运行机制的特点和优劣，就各级公共图书馆如何通过深化改革、创新管理运行机制、提升服务效能提出规划建议。

1.2 研究内容

公共图书馆管理运行机制创新分为管理机制创新和运行机制创新两个部分。本书所论图书馆管理机制并非指公共图书馆自身的管理机制，而是指“国家对于公共图书馆的机构设置、隶属关系、权限划分及其活动进行管理的一整套制度化安排，其核心是政府管理部门、图书馆行业协会与作为独立法人单位的公共图书馆之间的相互关系及各自的责任、权利、义务”[①]。图书馆运行机制指的是图书馆设置的内部机构、各机构功能以及相互之间的关联（包括图书馆内部的各种规章制度）。

图书馆管理机制和运行机制密切相关。图书馆管理机制是一个整体框架，其中某一环节出现的问题往往会引发整个管理体系的不协调，因此它的内部机制改革并不能和管理机制的变化等同。图书馆管理机制改革创新是一个宏观问题，它并不是由图书馆自己决定的，而是属于国家层面的问题；而图书馆运行机制改革属于微观层面的问题，是图书馆可以根据自身情况自主决定的有关内部管理的改革和创新[②]。

本书首先针对公共图书馆管理机制和运行机制改革的有关文献进行分析，

① 肖容梅，吴晞，汤旭岩，等.公共图书馆管理体制研究［J］.中国图书馆学报，2010（3）：4-11.

② 王志华.我国现行图书馆管理体制与内部运行机制的改革初探［J］.图书馆论坛，2006（5）：4-7.

梳理相关研究成果，整理近年来政府有关公共图书馆管理机制和运行机制改革的政策文件，分析改革动向。在此基础上，研究团队结合实地调研、案例分析等方法，分别从绩效评价激励、法人治理结构改革、人才队伍建设、总分馆建设、吸纳公众力量参与等多个方面梳理改革的现状、特点、成就和经验，最终总结提炼出公共图书馆管理运行机制改革创新的政策建议。

1.3 研究方法

本项目主要采用了以下研究方法。

1.3.1 文献调研法

采用文献调研法对国内外公共图书馆管理运行机制改革方面的研究进行梳理和总结，评述学界、业界的代表性研究成果；调查国内有关文化治理现代化、文化体制改革、事业单位改革等相关公共政策，分析公共图书馆管理运行机制改革的政策导向和社会需求变化。

1.3.2 案例分析法

综合采用网络调查、内容分析等方法展开公共图书馆管理运行机制改革创新的最佳实践案例调查，课题组从国家级公共文化服务体系示范区、省市级公共图书馆的优秀案例中，选取了若干具有典型性和代表性的案例展开分析，从中提炼发展经验。其中，对广州、深圳、佛山、温州、武汉等地区的公共图书馆，还通过多种渠道获取了管理机制、运行机制改革方面的一手材料，为深入研究奠定基础。

1.3.3 政策分析法

从国务院政策文件库、政府公开信息目录、公共文化服务政策基础数据库等搜索相关政策文件，选取重点国家政策以及对地方公共图书馆管理运行机制改革影响较大的省市级政策进行定性分析，从中归纳政策导向。

1.3.4 实地调查法

通过实地调查，对广东省东莞、中山、河源、梅州等地区的公共图书馆管理运行机制改革情况进行实地调研，与有关负责人进行交流和访谈，了解相关改革政策实施情况，收集有关改革思路的意见和反馈。

1.4 研究架构

本书按照“总—分—总”的思路设计研究框架。首先对相关政策和文献进行宏观回顾，再分章节对图书馆内部和外部各管理运行机制的具体内容进行研究和分析，最后总结出“十四五”规划时期的重点项目和公共图书馆管理运行机制的改革战略思路。

本书由以下章节组成：

第 1 章为绪论，简述研究的整体情况。

第 2 章通过分析国家层面、文化和旅游部层面以及省级、市级层面对公共图书馆管理运行机制改革的相关政策，总结有关政策导向，为提出改革思路奠定基础。

第 3 章对国内外公共图书馆管理运行机制的相关理论和实践经验进行研究，从总体层面对公共图书馆管理机制和运行机制的有关理论和中国实践进行总结，并分别针对法人治理结构改革、总分馆建设、吸纳社会力量参与、图书馆共建共享、业务合作、绩效评价激励、人才队伍建设七个方面进行研究回顾和概述。

第 4 至 8 章分别从绩效评价激励、人才队伍激励、法人治理结构改革、总分馆制建设、社会力量参与五个方面阐述改革创新的现状、特点、成就和经验，并结合具有典型性和代表性的管理运行机制改革创新案例展开分析。

第 9 章基于政策分析和现状调查情况，围绕各级公共图书馆如何通过继续深化改革来创新管理运行机制、提升服务效能，提出战略思路和目标，同时设计规划了“十四五”时期重点项目。

2 管理运行机制改革创新的政策分析

2.1 国家宏观政策文本回顾

2013 年以来，我国颁布了数十件与“深化体制机制改革”相关的政策文件，这些政策文件涉及我国各个领域的总体战略规划、市场体系建设、体制改革创新以及产业发展等，通过内容分析，这些政策大致可以归纳为四类。

2.1.1 全面深化改革

第一类政策是对全面深化体制改革具有指导性意义的宏观政策，包括但不限于：2013 年 11 月 12 日党的十八届三中全会通过的《中共中央关于全面深化改革若干重大问题的决定》[①]、2014 年 4 月发布的《国务院关于落实〈政府工作报告〉重点工作部门分工的意见》[②]、2015 年 3 月颁布的《中共中央 国

① 中共中央关于全面深化改革若干重大问题的决定［EB/OL］.（2013-11-15）［2020-06-08］.http://www.gov.cn/zhengce/2013-11/15/content_5407874.htm.

② 国务院关于落实《政府工作报告》重点工作部门分工的意见［EB/OL］.（2014-04-17）［2020-06-08］.http://www.gov.cn/zhengce/content/2014-04/17/content_8766.htm.

务院关于深化体制机制改革加快实施创新驱动发展战略的若干意见》①、2017 年 1 月国务院印发的《“十三五”推进基本公共服务均等化规划》②、2019 年 10 月 31 日党的十九届四中全会通过的《中共中央关于坚持和完善中国特色社会主义制度 推进国家治理体系和治理能力现代化若干重大问题的决定》③、2020 年 10 月 29 日党的十九届五中全会通过的《中共中央关于制定国民经济和社会发展第十四个五年规划和二〇三五年远景目标的建议》④。

人才是推动全面深化改革的重要力量，推进人才机制建设也是全面深化改革的重点内容。为此，国家相继出台《国家中长期人才发展规划纲要（2010—2020 年）》《关于深化人才发展体制机制改革的意见》等纲领性文件。2015 年颁布实施的《中共中央 国务院关于深化体制机制改革加快实施创新驱动发展战略的若干意见》强调人才机制建设的重要性，并从宏观层面提出人才机制改革的意见⑤。2017 年下发的《国务院关于印发“十三五”推进基本公共服务均等化规划的通知》再次强调人才机制建设的重要性，明确指出完善人才建设机制的相关指导意见⑥。2019 年中共中央办公厅、国务院办公厅印发的《关于促进劳动力和人才社会性流动体制机制改革的意见》提出，要拓展基层人员发展空间、创新基层人才激励机制、拓展基层人才的社会性流动空

① 中共中央 国务院关于深化体制机制改革加快实施创新驱动发展战略的若干意见［EB/OL］.（2015-03-23）［2020-06-14］.http://www.gov.cn/xinwen/2015-03/23/content_2837629.htm.

② “十三五”推进基本公共服务均等化规划［EB/OL］.（2017-01-23）［2022-08-04］.http://www.gov.cn/zhengce/content/2017-03/01/content_5172013.htm.

③ 中共中央关于坚持和完善中国特色社会主义制度 推进国家治理体系和治理能力现代化若干重大问题的决定［EB/OL］.（2019-11-05）［2020-06-08］.http://www.gov.cn/zhengce/2019-11/05/content_5449023.htm.

④ 中共中央关于制定国民经济和社会发展第十四个五年规划和二〇三五年远景目标的建议［EB/OL］.（2020-11-04）［2020-11-24］. http://cpc.people.com.cn/n1/2020/1104/c64094-31917780.html.

⑤ 中共中央 国务院关于深化体制机制改革加快实施创新驱动发展战略的若干意见［EB/OL］.（2015-03-23）［2020-06-14］.http://www.gov.cn/xinwen/2015-03/23/content_2837629.htm.

⑥ 国务院关于印发“十三五”推进基本公共服务均等化规划的通知［EB/OL］.（2017-01-23）［2020-06-13］.http://www.gov.cn/zhengce/content/2017-03/01/content_5172013.htm.

间[①]。2020年制定的《中共中央关于制定国民经济和社会发展第十四个五年规划和二〇三五年远景目标的建议》进一步指出要激发人才创新活力，要“贯彻尊重劳动、尊重知识、尊重人才、尊重创造方针，深化人才发展体制机制改革，全方位培养、引进、用好人才，造就更多国际一流的科技领军人才和创新团队，培养具有国际竞争力的青年科技人才后备军”[②]。

2.1.2 事业单位改革

公共图书馆是我国重要的文化事业单位之一，其管理运行机制改革也受到事业单位改革的带动。近年来，简政放权是事业单位改革的主要内容。为进一步促进事业单位改革与政府购买服务相衔接，2016年颁布的《中华人民共和国国民经济和社会发展第十三个五年规划纲要》提出“深化承担行政职能事业单位改革，大力推进政事分开”[③]。此外，事业单位的分配制度改革也是事业单位改革的重要内容。为进一步为深化体制改革，我国实行事业单位转企改制，鼓励从事生产经营活动的事业单位转为企业，推进有条件的事业单位向社会组织转型，从而更好地发挥事业单位的职能和作用。2018年下发的《国务院办公厅关于印发文化体制改革中经营性文化事业单位转制为企业和进一步支持文化企业发展两个规定的通知》[④] 提出：“经营性文化事业单位转制为

---

① 中共中央办公厅，国务院办公厅.关于促进劳动力和人才社会性流动体制机制改革的意见[EB/OL].(2019-12-25)[2022-08-04].http://www.gov.cn/zhengce/2019-12/25/content_5463978.htm.

② 中共中央关于制定国民经济和社会发展第十四个五年规划和二〇三五年远景目标的建议[EB/OL].(2020-11-03)[2020-11-24].http://www.gov.cn/zhengce/2020-11/03/content_5556991.htm.

③ 中华人民共和国国民经济和社会发展第十三个五年规划纲要[EB/OL].(2016-03-17)[2020-08-19].http://www.gov.cn/xinwen/2016-03/17/content_5054992.htm.

④ 国务院办公厅关于印发文化体制改革中经营性文化事业单位转制为企业和进一步支持文化企业发展两个规定的通知[EB/OL].(2018-12-25)[2020-06-08].http://www.gov.cn/zhengce/content/2018-12/25/content_5352010.htm.

企业，要依法登记为有限责任公司或股份有限公司，加快构建有文化特色的现代企业制度，坚持正确导向和经营方向，坚持国有资本主导地位，积极稳妥推进混合所有制改革，形成有效制衡的公司法人治理结构和灵活高效的市场化经营机制，推动企业做强做优做大。”同年出台的《中共中央关于深化党和国家机构改革的决定》也明确提出全面推进承担行政职能的事业单位改革，理顺政事关系，实现政事分开[①]。

2.1.3　文化体制改革

第三类是文化领域体制改革的相关政策。2013 年颁布的《国务院关于落实〈政府工作报告〉和国务院第一次全体会议精神重点工作部门分工的意见》提出，要将文化改革发展纳入经济社会发展总体规划，深化文化体制改革[②]。2015 年中共中央办公厅、国务院办公厅印发的《关于加快构建现代公共文化服务体系的意见》提出:“在新的形势下，构建现代公共文化服务体系，是保障和改善民生的重要举措，是全面深化文化体制改革、促进文化事业繁荣发展的必然要求。”意见还指出，构建现代公共文化体系需要国家和政府引导开展公共文化管理体制和运行机制的改革创新，建立公共文化服务体系建设协调机制、加大公益性文化事业单位改革力度、创新基层公共文化管理机制、完善公共文化服务评价工作机制等[③]。此外，《国务院办公厅转发文化部等部门关于做好政府向社会力量购买公共文化服务工作意见的通知》进一步明

① 中共中央关于深化党和国家机构改革的决定[EB/OL].(2018-03-04)[2020-06-13].http://www.gov.cn/xinwen/2018-03/04/content_5270704.htm.

② 国务院关于落实《政府工作报告》和国务院第一次全体会议精神重点工作部门分工的意见[EB/OL].(2013-03-29)[2020-06-08].http://www.gov.cn/zhengce/content/2013-03/29/Content_1045.htm.

③ 中共中央办公厅、国务院办公厅印发《关于加快构建现代公共文化服务体系的意见》[EB/OL].(2015-01-14)[2020-06-13].http://www.gov.cn/xinwen/2015-01/14/content_2804250.htm.

确了政府在推动公共文化服务社会化发展、深化文化体制改革中应发挥的作用[①]。2016年颁布的《国务院关于落实〈政府工作报告〉重点工作部门分工的意见》再次强调推进文化改革发展的重要性，在之前的基础上增补了“引导公共文化资源向城乡基层倾斜，推动文化产业创新发展，繁荣文化市场，加强文化市场管理”[②]等相关政策内容。同年，为进一步促进我国互联网技术发展，中共中央办公厅、国务院办公厅印发《国家信息化发展战略纲要》，特别强调“繁荣网络文化，增强国家软实力”[③]。2017年中共中央办公厅、国务院办公厅印发的《国家“十三五”时期文化发展改革规划纲要》为“十三五”时期深化文化体制改革提供了政策保障[④]。此外，2020年《中共中央关于制定国民经济和社会发展第十四个五年规划和二〇三五年远景目标的建议》强调要健全现代文化产业体系，指出要“坚持把社会效益放在首位、社会效益和经济效益相统一，深化文化体制改革，完善文化产业规划和政策，加强文化市场体系建设，扩大优质文化产品供给”；还明确提出“推动文化和旅游融合发展，建设一批富有文化底蕴的世界级旅游景区和度假区，打造一批文化特色鲜明的国家级旅游休闲城市和街区，发展红色旅游和乡村旅游”的发展要求[⑤]。

---

① 国务院办公厅转发文化部等部门关于做好政府向社会力量购买公共文化服务工作意见的通知[EB/OL].（2015-05-11）[2020-06-08].http://www.gov.cn/zhengce/content/2015-05/11/content_9723.htm.

② 国务院关于落实《政府工作报告》重点工作部门分工的意见[EB/OL].[2023-03-01].http://www.gov.cn/gongbao/content/2016/content_5061653.htm.

③ 国家信息化发展战略纲要[EB/OL].（2016-07-27）[2022-08-04].http://www.gov.cn/gongbao/content/2016/content_5100032.htm.

④ 中共中央办公厅 国务院办公厅印发《国家“十三五”时期文化发展改革规划纲要》[EB/OL].（2017-05-07）[2020-06-08].http://www.gov.cn/zhengce/2017-05/07/content_5191604.htm.

⑤ 中共中央关于制定国民经济和社会发展第十四个五年规划和二〇三五年远景目标的建议[EB/OL].（2020-11-04）[2020-11-24].http://www.gov.cn/zhengce/2020-11/03/content_5556991.htm.

2.1.4 公共文化机构体制改革

最后一类是与公共文化机构体制机制改革创新相关的政策。2016 年颁布的《中华人民共和国公共文化服务保障法》第二十四条和第二十五条明确指出："国家推动公共图书馆、博物馆、文化馆等公共文化设施管理单位根据其功能定位建立健全法人治理结构，吸收有关方面代表、专业人士和公众参与管理。国家鼓励和支持公民、法人和其他组织兴建、捐建或者与政府部门合作建设公共文化设施，鼓励公民、法人和其他组织依法参与公共文化设施的运营和管理。"[①] 这为公共图书馆法人治理机制和社会力量参与机制提供了法律依据。2017 年 11 月，《中华人民共和国公共图书馆法》颁布，并于 2018 年 1 月 1 日起生效，为进一步推动公共图书馆事业的发展奠定了坚实的法律基础，其中第四条规定："县级以上人民政府应当将公共图书馆事业纳入本级国民经济和社会发展规划，将公共图书馆建设纳入城乡规划和土地利用总体规划，加大对政府设立的公共图书馆的投入，将所需经费列入本级政府预算，并及时、足额拨付。国家鼓励公民、法人和其他组织自筹资金设立公共图书馆。县级以上人民政府应当积极调动社会力量参与公共图书馆建设，并按照国家有关规定给予政策扶持。"[②] 这为我国公共图书馆体制机制改革营造了良好的政策氛围。2019 年颁布的《中共中央 国务院关于建立健全城乡融合发展体制机制和政策体系的意见》提出"健全城乡公共文化服务体系"，为公共文化体制机制改革进一步向基层延伸指明方向[③]。公共图书馆作为公共文化机构的

---

① 中华人民共和国公共文化服务保障法 [EB/OL] .（2016-12-25）[2020-06-14] .http://www.npc.gov.cn/zgrdw/npc/xinwen/2016-12/25/content_2004880.htm.

② 中华人民共和国公共图书馆法 [EB/OL] .（2017-11-05）[2020-06-13] .http://www.gov.cn/xinwen/2017-11/05/content_5237326.htm.

③ 中共中央 国务院关于建立健全城乡融合发展体制机制和政策体系的意见 [EB/OL] .（2019-05-05）[2020-06-08].http://www.gov.cn/zhengce/2019-05/05/content_5388880.htm.

代表，在公共文化机构改革浪潮中首当其冲。因此，在行业体制机制改革背景下，公共图书馆必将受到影响。

总体来看，2013—2019年，我国深入贯彻落实全面深化改革的总体目标，在政治、经济、文化等各个领域都颁布了相关的改革政策，为公共图书馆体制机制改革创新营造了良好的政策环境。

2.2 文化和旅游部政策文本回顾

文化和旅游部高度重视公共图书馆管理运行机制改革。近几年来围绕公共图书馆管理运行机制创新，"文化和旅游部"陆续发布了若干政策，为改革创新提供了有力的政策保障和实践指导。按照改革方向和内容，这些政策主要分为四类。

2.2.1 法人治理

第一类政策是与法人治理结构改革有关的政策。例如，2014年文化部发布的《文化部关于贯彻落实〈2014年文化系统体制改革工作要点〉及其〈分工实施方案〉的通知》提出要推进文化企事业单位改革，推动公共图书馆等公共文化机构组建理事会试点工作，鼓励公共图书馆等公共文化机构通过吸纳有关方面代表、专业人士、各界群众参与管理，完善决策和监督机制，从而提高服务水平和服务效能①。2017年发布的《文化部"十三五"时期文化发

① 文化部关于贯彻落实《2014年文化系统体制改革工作要点》及其《分工实施方案》的通知[EB/OL].(2014-04-14)[2022-08-04].http://culture.people.com.cn/n/2014/0414/c87423-24893574.html.

展改革规划》提出要深入推进传统文化体制机制和文化事业单位改革，强调推动公共图书馆等，建立事业单位法人治理结构，从而促进图书馆决策、执行和监督机制的健全[①]。2017年颁布的《关于深入推进公共文化机构法人治理结构改革的实施方案》指出，图书馆等公共文化机构法人治理结构的主要内容包括形成以理事会为主要形式的法人治理结构，以及明确各方职能、制定机构章程、规范管理运行、加强党的建设等，同时要落实人事管理自主权、扩大收入分配自主权等系列配套措施建设[②]。

以上政策不断推动、引导法人治理结构改革实践工作从试点发展走向深入推进阶段。此外，关于法人治理结构的主要内容和配套措施等也逐渐得到完善，为深化公益性文化事业单位改革、推动图书馆等各公共文化机构建立法人治理结构作出了有益的指导。

2.2.2 总分馆制

第二类政策是与建立完善总分馆制相关的政策。2016年，文化部等多个部门共同发布的《关于推进县级文化馆图书馆总分馆制建设的指导意见》提出，到2020年全国有条件的地区因地制宜建立起“上下联通、服务优质、有效覆盖”的县级文化馆、图书馆总分馆制，同时针对县级馆服务水平一般、城乡公共文化服务发展程度不均衡等问题，强调要将总分馆制作为现代公共文化服务体系的一部分进行建设，因地制宜推进总分馆制建设，提出通过创新更切合群众需求的服务方式和手段，引导企业、社会组织、社会专业人士等参

① 文化部“十三五”时期文化发展改革规划[EB/OL].（2017-02-23）[2020-07-30].http://www.wenming.cn/whhm_pd/yw_whhm/201702/t20170223_4075700.shtml?winzoom=1.

② 中共中央宣传部 文化部 中央机构编制委员会办公室 财政部 人力资源社会保障部 国家文物局 中国科学技术协会关于印发《关于深入推进公共文化机构法人治理结构改革的实施方案》的通知[EB/OL].（2017-09-09）[2022-08-04]. https://zwgk.mct.gov.cn/zfxxgkml/ggfw/202012/t20201206_918786.html.

与总分馆制建设等途径，促进县级文化馆及图书馆总分馆制建设①。2017 年颁布的《文化部“十三五”产业时期文化发展改革规划》提出，进一步推动现代公共文化服务体系的建构，继续创新公共文化管理机制和运行机制，并继续推进县级公共文化馆、图书馆的改革和发展②。同年发布的《“十三五”时期全国公共图书馆事业发展规划》再次明确“到 2020 年”“基本建立”县级图书馆总分馆制的目标，并将“完善公共图书馆设施服务网络”“加快推进县级图书馆总分馆制建设”作为阶段重点任务，强调各地要根据区域实际情况建立起以县级图书馆为总馆，乡镇（街道）综合文化站为分馆，村（社区）综合性文化服务中心为基层服务点的上下联通、资源共享、有效覆盖的总分馆体系③。

可以看出，近年来文化和旅游部将总分馆制改革纳入现代公共文化服务体系的建设之中，重视在各地区推进图书馆总分馆制的改革。目前文化和旅游部的政策鼓励县级图书馆将建立总分馆制作为重点工作进行推进，在总分馆制的建设过程中强调实事求是，根据各地实际情况推进，从而增强图书馆服务能力，以更好地实现资源共享。

2.2.3 社会力量参与

第三类政策是与推进社会力量参与相关的政策。例如，2013 年发布的《全国公共图书馆事业发展“十二五”规划》明确提出要引导社会资本以不同方式加入图书馆建设，逐步形成由政府投入为主导、社会力量充分参与的多元化经

---

① 文化部 新闻出版广电总局 体育总局 发展改革委 财政部关于印发《关于推进县级文化馆图书馆总分馆制建设的指导意见》的通知［EB/OL］.（2016-12-26）［2022-08-04］.http://www.gov.cn/gongbao/content/2017/content_5216448.htm.

② 文化部“十三五”时期文化发展改革规划［EB/OL］.（2017-02-23）［2020-07-30］.http://www.wenming.cn/whhm_pd/yw_whhm/201702/t20170223_4075700.shtml?winzoom=1.

③ 文化部关于印发《“十三五”时期全国公共图书馆事业发展规划》的通知［EB/OL］.（2017-07-07）［2022-08-04］. https://zwgk.mct.gov.cn/zfxxgkml/ghjh/202012/t20201204_906375.html.

费保障体系，推动图书馆事业持续稳定发展①。2015年颁布的《关于做好政府向社会力量购买公共文化服务工作的意见》强调，要积极有序推进政府向社会力量购买公共文化服务工作，创造有利于政府向社会力量购买公共文化服务的体系的环境。意见同时提出了未来五年的目标，即到2020年在全国范围内基本建立比较完善的政府向社会力量购买公共文化服务体系②。2017年发布的《文化部“十三五”时期公共数字文化建设规划》提出通过完善社会力量参与制度、促进政府和社会力量的合作、提高社会力量在公共数字文化服务中的参与度，从而激发公共数字文化建设活力③。2018年发布的《文化和旅游部 财政部关于在文化领域推广政府和社会资本合作模式的指导意见》强调要推动服务型政府的建设，深化文化领域供给侧结构性改革，鼓励社会资本参与文化领域的政府和社会资本合作（Public-Private-Partnership，PPP）项目，让文化创新迸发出新的活力④。

通过以上政策文本可以看出，文化和旅游部一直鼓励、支持和引导社会力量以多种方式从多方面参与公共图书馆的建设运行，同时重视对社会力量参与机制及外部环境的构建和营造，为激发图书馆创造活力、推动图书馆持续稳定发展发挥了重要作用。

2.2.4 绩效考核和评价

第四类政策是与推进图书馆绩效考核和评价相关的政策。例如，《文化部

① 文化部关于印发《全国公共图书馆事业发展“十二五”规划》的通知［EB/OL］.（2013-01-31）［2022-08-04］. https://zwgk.mct.gov.cn/zfxxgkml/ghjh/202012/t20201204_906369.html.

② 关于做好政府向社会力量购买公共文化服务工作的意见［EB/OL］.（2015-05-11）［2022-08-04］.http://www.gov.cn/zhengce/content/2015-05/11/content_9723.htm.

③ 文化部关于印发《文化部“十三五”时期公共数字文化建设规划》的通知［EB/OL］.（2017-07-07）［2022-08-04］.https://zwgk.mct.gov.cn/zfxxgkml/ghjh/202012/t20201204_906376.html.

④ 文化和旅游部 财政部关于在文化领域推广政府和社会资本合作模式的指导意见［EB/OL］.（2018-11-23）［2022-08-04］.https://zwgk.mct.gov.cn/zfxxgkml/zcfg/gfxwj/202012/t20201204_906333.html.

“十二五”时期公共文化服务体系建设实施纲要》提出要逐渐建立和完善公共文化服务绩效评价的相关机制，充分利用绩效指导政府行为，树立正确的绩效导向[①]。《文化部“十三五”时期文化发展改革规划》重视提高公共文化服务的效能，提出要建立公共文化服务的监督评价机制和以效能为导向的评价激励机制，研究制定公众参与度和群众满意度指标，以便于提升公共文化服务机构的服务水平，使群众得到满意的服务[②]。《“十三五”时期全国公共图书馆事业发展规划》强调，要完善图书馆选人用人制度，并建立图书馆绩效考核机制和第三方评估机制，加强人才队伍建设，参考考核结果进行预算确定和收入分配，从而促进图书馆效能提升[③]。《文化部“十三五”时期公共数字文化建设规划》提到，在进行公共数字文化建设时要重视以绩效为依据的考核和评价，公共数字文化服务的绩效机制要以效能为导向，从而引导相关机构切实改善服务水平[④]。

以上政策强调以效能提升为目的和导向推进图书馆绩效考核，有利于促使图书馆切实提高其服务质量与服务效益。同时可以看出，近年来对图书馆进行的考核和评估工作呈现出工作常态化、方式科学化、途径多样化以及考核结果重要性提高等趋势，也更加重视公众在这一过程中的话语权和参与度。

总的来看，文化和旅游部的政策内容涵盖公共图书馆管理运行机制改革的多个方面，强调从构建法人治理结构、建立完善总分馆制、吸引社会力量

---

① 文化部关于印发《文化部“十二五”时期公共文化服务体系建设实施纲要》的通知[EB/OL].(2013-01-14)[2022-08-04]. https://zwgk.mct.gov.cn/zfxxgkml/ghjh/202012/t20201204_906367.html.

② 文化部“十三五”时期文化发展改革规划[EB/OL].(2017-02-23)[2020-07-30].http://www.wenming.cn/whhm_pd/yw_whhm/201702/t20170223_4075700.shtml?winzoom=1.

③ 文化部关于印发《“十三五”时期全国公共图书馆事业发展规划》的通知[EB/OL].(2017-07-07)[2022-08-04]. https://zwgk.mct.gov.cn/zfxxgkml/ghjh/202012/t20201204_906375.html.

④ 文化部关于印发《文化部“十三五”时期公共数字文化建设规划》的通知[EB/OL].(2017-07-07)[2022-08-04]. https://zwgk.mct.gov.cn/zfxxgkml/ghjh/202012/t20201204_906376.html.

参与、绩效考核等多个角度建立起新的管理运行体系，旨在进一步推动公共图书馆管理能力和服务效能的提高。

2.3　地方重要政策文本回顾

在国家层面法规政策的指导和引领下，许多地方根据当地实际情况，相继出台了与公共图书馆管理运行机制改革创新有关的政策，为公共图书馆管理运行机制在各地的发展提供了政策保障和指导。通过内容分析，这些政策具体分为四类。

2.3.1　法人治理

第一类政策是与法人治理结构改革相关的政策。各地根据自身的实际情况，通过政策规划指导法人治理结构的改革，提出法人治理结构的要求和目标，推进法人治理结构改革的实践。《深圳市人民政府办公厅关于印发深圳市文化发展“十三五”规划的通知》提出：“深化文化体制改革，完善文化管理体制和运行机制，强化政府在政策引导、平台搭建、公共服务、环境营造等方面职能，推动政企分开、政事分开、管办分离。完善文化事业单位法人治理结构，探索更为有效的绩效评估形式，推动事业单位服务创新。”[①]《佛山市人民政府办公室关于印发佛山市文化事业发展“十三五”规划的通知》提出：“进一步深化法定机构改革与文化事业单位法人治理结构改革。有条件的区鼓励探索

① 深圳市人民政府办公厅关于印发深圳市文化发展“十三五”规划的通知［EB/OL］.（2016-11-15）［2022-08-04］. http://www.sz.gov.cn/gkmlpt/content/7/7787/post_7787116.html#20044.

法定机构改革。推动公共图书馆、博物馆、文化馆等组建理事会，健全决策、执行和监督机制。到 2020 年，区级以上较大规模的文化事业单位基本建立法人治理结构。加强文化事业单位内部改革，落实自主权，建立分级分类绩效评价机制，激发内在活力。”①《北京市推进全国文化中心建设中长期规划（2019 年—2035 年）》提出，要进一步落实公益性文化事业单位法人自主权，强化公共服务职能，发挥公共文化服务骨干作用，以推进公共图书馆等公共文化机构法人治理结构改革，通过吸纳社会各界相关人士参与管理，改善绩效考评制度，畅通民意表达渠道，加强监督，让公益性文化事业单位的发展焕发新的活力②。《浙江省公共图书馆服务大提升行动方案（2020—2022 年）》提出要在县级以上的公共图书馆全面实现法人治理结构改革，让社会各方面人员在图书馆的建设和管理中积极地发挥参与和监督作用，提升公共图书馆管理水平和服务效能③。

2.3.2 总分馆制

第二类政策为与公共图书馆总分馆制建设相关的政策。各地对总分馆制建设较为重视，很多地区都有相应政策出台。不少地区注重对总分馆服务体系的发展和完善。《东莞市人民政府办公室关于印发〈东莞市加强村（社区）公共文化服务实施办法〉的通知》提出“依托村（社区）综合文化服务中心的建设运行，进一步完善以东莞图书馆为中心馆、各镇街图书馆为总馆、各

① 佛山市人民政府办公室关于印发佛山市文化事业发展“十三五”规划的通知［EB/OL］.（2016-11-24）［2022-08-04］.http://www.foshan.gov.cn/zwgk/zfgb/rmzfbgshj/content/post_1737998.html.

② 北京市推进全国文化中心建设中长期规划（2019 年—2035 年）［EB/OL］.（2020-04-09）［2022-08-04］.http://www.beijing.gov.cn/gongkai/guihua/wngh/cqgh/202004/t20200409_1798426.html.

③ 政策解读 |《浙江省公共图书馆服务大提升行动方案（2020—2022 年）》印发［EB/OL］.（2020-07-07）［2022-08-04］. https://zj.zjol.com.cn/qihanghao/100859423.html.

村（社区）图书服务点为分馆的东莞市图书馆总分馆服务体系”①。《苏州市人民政府办公室关于推进现代公共文化服务体系建设的实施意见》规定将镇（街道）、村（社区）图书资源管理与服务纳入公共图书馆总分馆体系，扩展公共图书馆总分馆体系，提高图书馆服务水平②。《关于印发〈嘉兴市公共图书馆中心馆—总分馆服务体系标准〉的通知》规定嘉兴市公共图书馆服务体系建设实行“政府主导、统筹规划，多级投入、集中管理，资源共享、服务创新”的原则，提出在“大嘉兴”范围内逐渐形成以嘉兴市图书馆为中心的公共图书馆中心馆—总分馆服务体系，广泛联合社会人士进行合作③。《深圳市“图书馆之城”建设规划（2016—2020）》将全面推行图书馆总分馆制作为主要任务之一，并对总分馆制建设的制度化有所关注，提出“鼓励市、区各图书馆采取不同的方式建设分馆，并以工作制度的形式保障各种总分馆模式的顺利运行。强化总分馆管理体制，基本建成以区馆为总馆，街道图书馆为直属分馆，社区图书馆为基层服务点，其他各种形式图书馆为补充的总分馆架构。有条件的区可以突破行政区划的限制，试行按服务人口、服务半径设立直属分馆。总分馆应实现人员、经费、资源、服务的一体化管理”④。《上海市嘉定区人民政府办公室关于转发〈嘉定区持续推进国家公共文化服务体系示范区建设工作的实施意见（2018—2020）〉的通知》提出：完善区图书馆“总分馆”服务体系，继续完善基层公共图书馆设施、设备，优化提升基层公

① 东莞市人民政府办公室关于印发《东莞市加强村（社区）公共文化服务实施办法》的通知［EB/OL］.（2014-09-23）［2022-08-04］.http://www.dg.gov.cn/zwgk/zfgb/szfbgswj/content/post_340851.html.

② 苏州市人民政府办公室关于推进现代公共文化服务体系建设的实施意见［EB/OL］.（2015-05-19）［2022-08-04］.http://pcsp.library.sh.cn/notice.aspx?sid=9106&value=%E5%BE%E4%B9%A6%E9%A6%86.

③ 关于印发《嘉兴市公共图书馆中心馆—总分馆服务体系标准》的通知［EB/OL］.（2015-05-27）［2022-08-04］. http://www.jiaxing.cn/swhj/zcwj_6120/gfxwj_6121/201506/t20150604_497844.html.

④ 深圳市“图书馆之城”建设规划（2016—2020）［EB/OL］.（2016-08-15）［2022-08-04］.http://wtl.sz.gov.cn/xxgk/ghjh/zxgh/content/post_5749141.html.

共图书馆服务水平，继续开展延伸服务；各乡镇（街道）公共图书馆作为嘉定图书馆分馆，要按照“五个统一”原则，即“按照统一文献采购、分编和调配，统一阵地服务规范，统一系统设备标准，统一从业人员管理，统一考核评估办法”[①]进行建设，并逐步将此模式向社区（村）图书室延伸，促进区域公共图书馆服务能级整体提升[②]。浙江省文化和旅游厅颁布实施的《关于进一步完善全省公共图书馆服务体系建设的指导意见》提出：“到2022年基本建成以浙江图书馆为省级中心馆，地市级图书馆为区域中心馆，县（市、区）级图书馆为总馆，乡镇（街道）图书馆为分馆，村（社区）图书室为服务点，各类主题图书馆和‘城市书房’为补充的公共图书馆服务体系。”[③]

2.3.3 社会力量参与

第三类政策为引导社会力量参与的相关政策。各地出台政策引导社会力量参与，创造良好环境。《北京市人民政府关于进一步加强基层公共文化建设的意见》提出：“鼓励社会化运营方式。创新基层公共文化设施管理模式，吸引有实力的社会组织和企业开展社会化、专业化运营，促进公共文化服务提供主体和提供方式多元化。引入竞争机制，鼓励和支持社会力量通过兴办实体、资助项目、赞助活动、提供产品和服务等多种方式参与公共文化服务体系建设。”[④]《浙江省文化厅关于印发浙江省公共图书馆三年提升计划的通知》提出要通过政府购买服务的方式吸引社会力量参与，不断深化公共图书馆和

---

①② 上海市嘉定区人民政府办公室关于转发《嘉定区持续推进国家公共文化服务体系示范区建设工作的实施意见（2018—2020）》的通知［EB/OL］.（2018-04-03）［2022-08-04］. http://www.jiading.gov.cn/publicity/jcgk/zdgkwj/qzfwj/qfbwj/95888.

③ 关于进一步完善全省公共图书馆服务体系建设的指导意见［EB/OL］.（2018-10-18）［2022-08-04］.http://ct.zj.gov.cn/art/2018/10/18/art_1228998534_31264.html.

④ 北京市人民政府关于进一步加强基层公共文化建设的意见［EB/OL］.（2015-05-29）［2022-08-04］.http://www.beijing.gov.cn/zhengce/zhengcefagui/201905/t20190522_58673.html.

社会资本合作的领域和方法①。《上海市“十三五”时期文化改革发展规划》提出：“以需求为导向，扩大社会力量参与，建立有利于文化类社会组织健康发展的制度安排，完善政府向社会力量购买公共文化服务制度，加强多层次公共文化供给。引入竞争机制，推动各类文化主体参与公共文化服务、公共文化设施运营、公共文化服务内容供给、公共文化活动策划组织、公共文化机构制约监督、公共文化服务效能评估。”②

2.3.4 绩效考核和评估

第四类政策为与绩效考核和评估相关的政策。不少省（区、市）积极探索如何完善公共文化服务绩效考核和评估机制，从绩效考核和评估的内容、指标、方式、主体等角度增强绩效考核和评估的科学性、客观性。《大连市人民政府办公厅关于印发大连市公共文化服务体系建设规划的通知》提出要建立切合大连市公共文化服务体系实际情况的绩效评价指标体系，不断完善相应的制度设计，将其作为对各相关部门考核评价的标准之一③。《绍兴市人民政府办公室关于加强基层公共文化服务体系建设的实施意见》提出“健全考评机制。完善考核指标，推动考核社会化，采取政府组织、专家参与、社会评议、媒体监督等方式，建立长效考评机制”④。浙江省发布的《关于加快构建现

① 浙江省文化厅关于印发浙江省公共图书馆三年提升计划的通知［EB/OL］.（2016-08-04）［2022-08-04］. http://pcsp.library.sh.cn/notice.aspx?sid=10463&value=%E5%9B%BE%E4%B9%A6%E9%A6%86.

② 中共上海市委办公厅、上海市人民政府办公厅印发《上海市“十三五”时期文化改革发展规划》的通知［EB/OL］.（2016-11-04）［2022-08-04］. http://fgw.sh.gov.cn/ggwbhwgwj/20170605/0025-27730.html.

③ 大连市人民政府办公厅关于印发大连市公共文化服务体系建设规划的通知［EB/OL］.（2013-05-27）［2022-08-04］.http://pcsp.library.sh.cn/notice.aspx?sid=4397&value=%9B%BE%E4%B9%A6%E9%A6%86.

④ 绍兴市人民政府办公室关于加强基层公共文化服务体系建设的实施意见［EB/OL］.（2013-07-23）［2022-08-04］.http://pcsp.library.sh.cn/notice.aspx?sid=10787&value=%E5%9B%BE%E4%B9%A6%E9%A6%86.

代公共文化服务体系的实施意见》提出:"以效能为导向,把公共文化服务绩效纳入科学发展考核体系,作为考核评价领导班子和领导干部政绩的重要内容。完善公共文化机构绩效考核评价制度,考核评价结果作为确定预算、收入分配与负责人奖惩的重要依据。"①《中共福建省委办公厅、福建省人民政府办公厅关于加快构建现代公共文化服务体系的实施意见》提出,为了完善公共文化机构绩效考核评价制度,应该加强对项目资金使用、服务效能、实施效果等方面的监督和评估,完善服务质量监测体系,探索建立健全公共文化服务评价机制②。《广东省公共文化服务体系建设规划(2011—2020年)》要求制定科学考评标准,建立健全目标责任制和奖惩制度,并引导社会各界参与监督③。《黄冈市人民政府办公室关于印发黄冈市创建国家公共文化服务体系示范区规划(2018—2020年)的通知》则强调把公共文化服务绩效考核结果纳入各级领导班子和党政领导干部绩效考核体系,将考核评价结果作为奖惩的重要依据④。

总体而言,地方层面的政策主要对总分馆制建设、社会力量参与、绩效考核和评估制度等方面关注度较高,这些政策有力地推动了地方图书馆事业的改革创新,也为全国其他地区图书馆事业的创新发展提供了可借鉴的经验。

---

① 关于加快构建现代公共文化服务体系的实施意见[EB/OL].(2015-07-08)[2022-08-04].http://ct.zj.gov.cn/art/2015/7/8/art_1228998534_31235.html.

② 中共福建省委办公厅、福建省人民政府办公厅关于加快构建现代公共文化服务体系的实施意见[EB/OL].(2015-12-24)[2022-08-04].http://pcsp.library.sh.cn/notice.aspx?sid=10992&value=%E5%9B%BE%E4%B9%A6%E9%A6%86.

③ 广东省公共文化服务体系建设规划(2011—2020年)[EB/OL].(2017-01-03)[2022-08-04]. http://www.gdsqyg.com/agdgwgk/faguiinfo?id=2017041400000016.

④ 黄冈市人民政府办公室关于印发黄冈市创建国家公共文化服务体系示范区规划(2018—2020年)的通知[EB/OL].(2018-06-14)[2022-08-04]. http://www.hg.gov.cn/art/2018/6/20/art_13613_348328.html.

3 实践回顾与理论研究进展

随着实践的发展，越来越多的学者开始了有关公共图书馆管理运行机制的研究。这些研究围绕公共图书馆管理运行机制、公共图书馆社会力量参与、法人治理机制、绩效评价（绩效评估）、图书馆合作与联盟机制、人才队伍建设等主题，从不同的角度和方面呈现了我国公共图书馆管理运行机制的实践进程和理论研究成果。

3.1 公共图书馆管理运行机制的综合性研究

图书馆管理机制深刻地影响着图书馆的管理效能和服务体系。构建科学高效的管理机制有利于提高公共图书馆的服务效率和服务水平、完善治理体系、整合优势资源。我国关于公共图书馆管理机制研究的文献最早发表于1982年，40年来学界不断与时俱进，创新变革，推动着图书馆管理机制的研究不断发展完善。进入21世纪后，研究图书馆管理机制的相关文献数量逐年增加，体现出图书馆学界以及社会各界对这一领域重视程度的提高。近十年来我国对公共图书馆管理体制机制保持着较高关注，学界关于这一主题的研究多聚焦于总分馆制、法人治理结构、法制化建设、人才队伍建设等方面。

3.2 公共图书馆绩效评价研究

公共图书馆绩效评价（绩效评估）是对图书馆工作的各方面进行系统的考查，以公共图书馆的办馆目标和有关标准为依据，做出客观、公允、合理的全面评价和评估，并由此判断公共图书馆的运行效率和效果的价值判断过程[①]。绩效评价（绩效评估）机制是公共图书馆运行机制的重要组成部分，对于图书馆改善服务质量、提高服务水平具有重要意义。我国关于图书馆绩效评价的研究开始较晚，起步于20世纪80年代中期，经历了初步发展（20世纪80年代中后期）、多元化发展（20世纪90年代）以及转型发展（21世纪以来）三个阶段[②]。

3.2.1 绩效评价机制的内容研究

2010年，田倩、高波对我国近20年与公共图书馆绩效评估相关的文献进行统计分析后指出，指标体系、评估方法、数字图书馆绩效评估等是我国公共图书馆绩效评估机制研究的热点[③]。针对我国公共图书馆评价机制存在的问题，不同学者从评价的功能及意义、评价主体、评价客体、评价方法四个方面对我国公共图书馆评价指标展开了一系列的探讨[④]；也有学者关注对公共图书馆绩效的测算与评价方法，如周静采用数据包络分析（DEA）的评价方法，对

①④ 段海艳.论公共图书馆绩效评价的主体、内容与方法[J].图书馆学研究,2008(10):12-16.

② 余胜.关于图书馆绩效评估的研究与实践[J].中国图书馆学报,2006(4):101-104.

③ 田倩,高波.我国公共图书馆绩效评估研究综述[J].图书情报工作,2011(7):40-44,146.

我国31个省域的公共图书馆进行了绩效评估，选用投入导向型的规模收益可变的BBC模型进行评价，进而为地区公共图书馆资源利用效率的提高和绩效研究提供决策支持信息①。同时，易红等根据平衡计分卡法（BSC）设计了公共图书馆的评价指标框架，而后结合德尔菲法和层次分析法，进一步确定评价指标内容及权重，最终形成了一个完整的绩效评价（绩效评估）指标体系②。数据包络分析、平衡计分卡法、德尔菲法（Delphi Method）等都是构建绩效评价指标体系构建的常用方法。此外，关于公共图书馆绩效评价指标体系的建设研究也较为广泛，肖永钐以全国15个副省级城市图书馆为研究对象，以多项公共图书馆评估标准为参考，构建了一套操作性较强、相对指标和人均指标较多的公共图书馆服务绩效评价指标体系，对城市公共图书馆服务绩效做出较为客观的评价③。近年来，公共图书馆阅读推广的绩效评估研究和政府购买公共图书馆服务绩效评估研究逐渐兴起。针对阅读推广活动中出现的只追求活动数量、不注重质量进而造成的资源浪费等问题，国内学者主要采用统计学方法、主体评估法、客体评估法等方法从成本和效益的视角展开研究④。

3.2.2 绩效评价机制的主体研究

公共图书馆绩效评价机制主要涉及图书馆、图书馆员工两大主体，针对图书馆和图书馆员工开展的激励研究是当前绩效评价机制研究的重点内容。

公共图书馆自身的绩效评价以及政府对公共图书馆的绩效评价是公共图书馆绩效评价机制的两大组成部分。

---

① 周静.我国各省域公共图书馆绩效的测算与评价[J].新世纪图书馆,2017(8):85-90.

② 易红,王祝康,詹洁,等.免费开放背景下公共图书馆绩效评价指标体系的构建研究[J].图书馆论坛,2014(9):21-27.

③ 肖永钐.公共图书馆服务绩效评价指标体系构建研究[J].图书馆研究与工作,2018(11):77-81.

④ 宋兆凯,杜二梅,董艳丽.基于成本效益视角的公共图书馆阅读推广活动绩效评估探析[J].图书馆工作与研究,2019(12):48-54.

为了激发员工的积极性和创造力，公共图书馆可以通过有效的激励手段来挖掘员工潜能，这样做也有利于为图书馆事业发展进行人力资源储备。随着我国图书馆事业逐步与国际接轨，业界和学界也越来越重视激励机制在图书馆管理和运行中的作用。近年来，国内图书馆界在激发青年职工的工作积极性方面做了许多工作，通过改革管理机制，为职工提供公平的职场环境，鼓励年轻的馆员接受继续教育①。有研究人员通过对当前国内外公共图书馆人员激励机制特点和人力资源管理现状的分析，结合国内图书馆员工评价和激励机制构建的实际案例，得出“针对不同员工，建立起个性化多样化的激励机制，是图书馆管理发展大势所趋”的结论。图书馆内部需要营造良好的创造氛围，将创新、创意与员工绩效相结合，通过评奖评优、奖金以及职称评定等手段鼓励为图书馆做出重要贡献的员工，以此激励员工不断学习，提升业务能力。

3.3 公共图书馆人才队伍建设研究

图书馆员是图书馆的重要资源，图书馆的人事管理制度和人才队伍建设制度是图书馆管理机制的重要组成部分。在20世纪末，我国图书馆队伍中普遍存在着学历偏低、缺乏高层次人才、专业知识结构不完善等问题②。21世纪以来，图书馆施行了岗位责任制和目标管理等积极有益的管理方法，我国图书馆的人力资源管理制度和人才队伍建设工作渐趋完善。但就整体而言，现阶段我国图书馆从业人员的工作水平仍然有待提高。

① 李冠南.公共图书馆人力资源激励机制探索——以首都图书馆“青年论坛”活动为例[J].图书馆工作与研究,2015(9):63-65.

② 黄海燕.公共图书馆人才现状、需求及对策研究[J].中国图书馆学报,1999(5):3-5.

3.3.1 人才队伍建设规划研究

2006年国家图书馆颁布的《国家图书馆2006—2010年人才发展规划》提出“创新人才计划”，培养学术带头人①，形成人才梯队，并对其创新精神和创新能力提出了新的要求。同年，国家图书馆在《国家图书馆“十一五”规划纲要》中将“人才兴馆”列为三大发展战略之一，作为图书馆资源建设的重要基础。2010年颁布的《国家中长期人才发展规划纲要（2010—2020）》指出要大力开发经济社会发展重点领域急需紧缺专门人才，实施“四个一批”人才培养工程，加强哲学社会科学、新闻、出版、文艺等领域高层次人才队伍建设，图书馆作为重要的文化机构，其人才队伍建设逐渐受到更多的重视②。2017年文化部印发的《“十三五”时期全国公共图书馆事业发展规划》明确指出，到2020年全国公共图书馆应实现“人才队伍建设有效加强”③目标，继续提升公众对公共图书馆服务的满意度，并指出通过积极开展国际交流活动、推动实施对外合作项目等方式培养具有国际视野的专业性人才。

3.3.2 人才队伍建设内容研究

长期以来，我国公共图书馆的岗位设置具有“政府化”倾向，图书馆吸引青年人才的能力有限，限制了图书馆的发展创新，因此图书馆的人力资源管理制度亟待完善。孙继林认为，图书馆可以利用岗位责任制推动人力资本的合理配置，通过完善人才激励机制和培养机制发现人才、重用人才、培养人才④。蒋红将图

---

① 中国国家图书馆宣布将以十万年薪招聘高级人才[EB/OL].（2006-07-06）[2022-08-02].http://www.chinanews.com/kj/zczx/news/2006/07-06/754272.shtml.

② 国家中长期人才发展规划纲要（2010—2020年）[EB/OL].（2010-06-06）[2022-08-02].http://www.china.com.cn/policy/txt/2010-06/07/content_20197790.htm.

③ 《“十三五”时期全国公共图书馆事业发展规划》发布[J].国家图书馆学刊，2017（5）：31.

④ 孙继林.图书馆改革要重视人力资源管理[J].图书馆论坛，2002（5）：133-135.

书馆人才资源开发细分为引才、用才、育才三个环节，并着重强调育才环节应加强在职培训、鼓励学历深造和业余自学等措施，增强图书馆事业的竞争力①。文琴等在粤港澳大湾区图书馆人才队伍合作建设的基础上（如网上培训课程和馆员互访等）提出地区公共图书馆之间乃至图书馆和高校之间可以开展定期合作，对馆员进行专业教育和短期培训②。

在数字时代，随着数字图书馆建设逐渐深入，李青认为数字图书馆对馆员素质提出了更高要求，需要使用高新技术以满足用户信息需求，提供个性化服务，因此图书馆管理的中心工作应由文献管理向人本管理转变③。黄炜宇从数字时代的数字资源建设、读者服务工作、图书馆发展三个方面阐述了馆员所面临的挑战，并提出了加强竞争机制、深化激励机制、完善监督机制等制度方面的管理机制创新④。

综上，图书馆应该充分重视对馆员职业精神的培养，挖掘馆员的知识和能力，提高馆员素质，同时吸纳更多与组织管理、知识组配、系统维护和市场营销等方面相关的人才，培养业务骨干，形成合理的图书馆人才队伍结构，同时建立集吸引、发展、评价、调整为一体的、完善的人力资源管理机制，适应图书馆发展的需要。

3.4　公共图书馆法人治理机制研究

我国公共图书馆法人治理结构借鉴公司企业法人治理结构的基本原理，

① 蒋红. 图书馆发展与人力资源管理[J]. 图书馆工作与研究，2002(6)：64-65.

② 文琴，陈心雨，曾文，等. 粤港澳大湾区公共图书馆的合作基础与发展空间[J]. 图书馆论坛，2020(10)：676-74.

③ 李青. 试论数字图书馆的人力资源建设[J]. 图书馆论坛，2005(1)：51-53.

④ 黄炜宇. 数字时代图书馆人才队伍建设[J]. 现代情报，2008(3)：135-136，140.

决策、执行、监督三权相对分离又相互促进，体现了共同治理的重要性[①]。“理事会+管理层”是事业单位法人治理结构的基本模式[②]。2017年，中宣部等七部门出台《关于深入推进公共文化机构法人治理结构改革的实施方案》。这一实施方案是公共文化机构法人治理结构改革的行动指南，公共图书馆法人治理结构改革成为新时代深化文化体制改革的重点任务。法人治理机制是公共图书馆创新管理运行机制的重要组成部分。《中华人民共和国公共图书馆法》第二十三条指出要“推动公共图书馆建立健全法人治理结构”。公共图书馆治理正逐步实现从传统管理模式向公共管理模式的理性转型，法人治理机制是图书馆管理模式转变的产物[③]。

3.4.1 法人治理机制现状研究

2014年，图书馆业界和学界开始对公共图书馆法人治理结构建设现状进行调查和研究。对无锡市图书馆、深圳图书馆、广州图书馆等法人结构改革试点单位的调查表明：2014年，公共图书馆法人治理结构呈现出组织结构以单层制的理事会为主、理事会定位呈多元模式、外部理事占大多数、相关配套制度建设得到完善等特点；同时，在法人治理结构改革的过程中也面临着“政事不分”的体制机制障碍难以去除、公共图书馆改革内在动力不足、治理文化与社会荣誉机制缺失等阻力[④]。有学者采用问卷调查和实地考察等方法对全国各省、市、县图书馆的法人治理结构现状进行调研，从问卷调查结果来看，我国公共图书馆法人治理结构建设仍处于起步阶段，完成理事会组建的

---

① 李国新.公共图书馆法人治理:结构·现状·问题·前瞻[J].图书与情报,2014(2):1-6,9.

② 岳云龙,陈立庚.事业单位法人治理结构问答(6)事业单位法人治理结构有哪些类型?[J].中国机构改革与管理,2013(4):41-42.

③ 阮胜利.探究图书馆治理及其机制的概念与内涵[J].图书情报工作,2007(3):33-36.

④ 肖容梅.我国公共图书馆法人治理结构建设现状与分析[J].国家图书馆学刊,2014(3):22-28.

公共图书馆仍是少数，大部分公共图书馆短期内未制定相关的理事会组建计划[①]。2016年，重庆图书馆理事会秘书处对我国公共图书馆开展法人治理结构改革的实施现状进行深入调查。调查结果显示，东部沿海地区在公共文化机构法人治理结构改革上的积极性更高、改革的力度更大，中西部地区则相对落后。还有学者考察了英国图书馆的法人治理结构，并以此为参照，分析研究国内图书馆法人治理改革现状。研究表明，无论是在法律层面，还是结构和运作层面，我国图书馆法人治理结构发展相比英国图书馆还存在较大差距[②]。

3.4.2 法人治理机制内容研究

新时代背景下，我国关于图书馆法人治理机制的研究主要集中在对法人治理结构改革的探索以及理事会制度的建议方面。曾茹、王欢等对公共图书馆法人治理结构改革的具体实施途径进行探究，通过研究改革试点成果、进行中西方比较等方法，总结出公共图书馆应从创新体制章程、完善组织结构、培育招募理事三个方面寻求突破，以实现管理机制的创新发展[③]。贺茜对我国公共图书馆法人治理机制的现状进行研究并总结出了该机制运行中存在的障碍，她认为要完善我国公共图书馆法人治理机制，应首先完善图书馆的相关章程细则[④]。强调章程建设在公共图书馆法人治理结构改革中的重要作用的还有米传振[⑤]、陈

① 霍瑞娟.公共图书馆法人治理结构现状调研及思考[J].中国图书馆学报,2016(4):117-127.

② 张汝昊,魏凌煦,江向东.大英图书馆法人治理对我国图书馆的启示[J].图书馆,2017(8):75-82.

③ 曾茹.新时代公共图书馆法人治理结构实践路径探究——基于省级公共图书馆改革试点的思考[J].图书馆工作与研究,2018(S1):60-66;王欢.公共图书馆法人治理结构改革创新路径研究[J].四川图书馆学报,2019(6):20-23.

④ 贺茜.我国公共图书馆法人治理机制研究[J].新世纪图书馆,2019(7):5-10,80.

⑤ 米传振.章程在公共图书馆法人治理结构中的制度角色与完善路径——以部分公共图书馆章程为考察对象[J].国家图书馆学刊,2020(1):11-19.

浩[①]等。祝淑君则从法人治理机制的含义入手，分析了我国公共图书馆在法人治理机制方面存在的问题，并针对这些问题提出了完善立法、建立理事会制度等优化措施[②]。

在研讨法人治理机制内部重要因素时，研究者主要探讨的是理事会制度。图书馆理事会制度是由理事会来行使决策权力的图书馆管理体制，是人们为有效解决图书馆法人权力与文化部门行政权力之间的冲突而有意识地设计和选择的产物[②]。我国有关理事会制度的研究起步较晚。2004年，徐引篪团队对美国图书馆法人治理制度进行介绍，将“法人治理”这一概念引入国内，理事会制度也随之进入国人的视线。该研究团队通过介绍美国图书馆理事会的相关概念和建设经验，认为处理好理事会与图书馆管理层之间的关系是图书馆高效管理的关键[④]。也有其他研究者通过研究国外公共图书馆理事会制度为我国理事会制度发展提供范例参考，例如冯佳经过分析波士顿公共图书馆理事会制度，认为我国图书馆理事会制度在法制制度、理念变革、社会支持等方面还有很大的发展空间[⑤]。一些学者尝试从不同视角来分析我国理事会制度建设，如效率视角、多中心理论视角以及新公共管理思想等。杨小光从制度效率的角度对我国公共图书馆理事会制度的发展现状及存在问题进行了研究，建议应完善顶层设计和理事会章程，同时还要加强对理事会的社会监督以提升理事会的制度效率[⑥]。

① 陈浩.法人治理结构改革背景下公共图书馆章程建设探析——以安徽省图书馆为例[J].大学图书情报学刊,2019(6):101-104.

② 祝淑君.试论公共图书馆法人治理机制的优化[J].新世纪图书馆,2012(12):71-74.

② 蒋永福.论图书馆理事会制度[J].图书馆,2011(3):31-34.

④ 徐引篪,盛小平,黄颖.美国图书馆理事会及其启示[J].四川图书馆学报,2004(3):2-7.

⑤ 冯佳.国外公共图书馆理事会制度及启示——以美国波士顿公共图书馆理事会制度为例[J].图书馆建设,2010(6):93-97.

⑥ 杨小光.制度效率视角下的我国公共图书馆理事会制度研究[J].图书馆界,2018(3):1-4,15.

3.5 公共图书馆合作机制研究

《“十三五”时期全国公共图书馆事业发展规划》提出图书馆等公共文化机构的资源要通过机构间互联互通等方式进行整合，从而为社会公众创新创业提供文献支撑和信息服务①。图书馆是国家保障公民平等获取信息服务的文化事业机构，图书馆之间的合作有助于实现文献和人才资源的共享，有助于充分利用图书馆行业的资源，为用户提供更高质量的信息服务，保障公民基本文化权益。早在20世纪初，不同图书馆之间开展合作就已经被大家所重视，早期的图书馆合作项目主要以文献资源共享为主，包括编制联合目录、图书互借、业务交流等②。20世纪80—90年代，随着互联网发展，图书馆之间的合作与联合进入新的发展阶段，合作所涉及的地域跨度更为广阔，合作的内容更加丰富，合作的形式也逐渐向相对固定的、规范的联盟形式发展③。图书馆合作与联盟机制的建立可以减少或避免不稳定因素，协调各种内外关系，促使图书馆间的合作处于和谐、高效的状态。

3.5.1 图书馆总分馆制研究

公共图书馆的总分馆制是指在某个合适的地域单元内，由单一或多个建

① “十三五”时期全国公共图书馆事业发展规划[EB/OL].[2022-08-02].https://zwgk.mct.gov.cn/zfxxgkml/202012/t20201204_925712.html.

② 王沙骋，曹凤，赵澄谋.信息共享环境探析[J].情报理论与实践，2008(4):610-613,623.

③ 杜杏叶，李亚峰，李贺，等.我国图书馆联盟管理与运行机制现状调查研究[J].图书情报工作，2014(9):37-45.

设主体，共同建成一个“公共图书馆群”，构建一个互联互通的图书馆服务体系，为用户提供普遍均等的服务①。这是一种特殊的合作与联盟机制。一直以来，我国公共图书馆的建设基本上是“一级政府建一级公共图书馆”的模式，尚未形成普遍均等、运行高效的公共图书馆服务体系。自20世纪80年代“图书馆网”概念产生以来，建立健全公共图书馆服务网络成为政府及图书馆业界的工作目标。

国内对总分馆制实施的探索形成过许多种不同的模式。由于启动时间较早，经费投入较大，嘉兴市图书馆、苏州图书馆、上海市嘉定区图书馆、深圳市福田区图书馆、深圳市南山区图书馆在构建城乡一体化公共图书馆服务体系上已进入成熟运行阶段，取得了一定成效，率先引领我国公共图书馆总分馆制建设的深入发展②，形成“嘉兴模式”“岭南模式”等具有代表性的总分馆制建设模式。在总分馆制建设中，乡镇（街道）图书馆一般作为市图书馆或区图书馆的分馆。邱冠华通过案例分析，介绍了北京、上海、广东等地区的公共图书馆服务体系。他总结出我国公共图书馆总分馆制建设主要有两种模式，一种以政府为主导，一种以图书馆为主导，但这两种模式面临两个共同问题：一是会给中心馆带来过大的压力，二是长期运营受到了一定的局限③。近年来，还出现一种新的总分馆建设制建设模式，即利用公司、个人等社会资本合办图书馆分馆④。

总分馆制的优势主要在于服务效益，这是从图书馆事业发达地区获得的图

① 范并思.现代图书馆理念的艰难重建——写在《图书馆服务宣言》发布之际［J］.中国图书馆学报，2008（6）：6-11.

② 史红艳.公共图书馆实行总分馆制体系建设模式研究［C］//全国中小型公共图书馆联合会.2017年全国中小型公共图书馆联合会研讨会论文集（三等奖）.全国中小型公共图书馆联合会，2017：311-318.

③ 邱冠华.覆盖全社会的公共图书馆服务体系：模式、技术支撑与方案［M］.北京：北京图书馆出版社，2008：70-150.

④ 张海江.基层图书馆发展新模式——利用企业、个人慈善资本建立图书分馆［J］.图书馆学研究，2014（8）：28-30.

重要经验。《社区的核心》一文介绍了美国四个地方的公共图书馆总分馆体系，借此阐述了总分馆体系的服务效益与存在价值。文中提到，美国奥兰多的奥兰治县公共图书馆系统，它有 14 个分馆，作为一个统一的体系，各馆确保为读者提供统一的服务，战略规划是由各层级馆员共同制定的，分馆的目标与整个图书馆系统的目标相关联，以保证分馆的行动有利于集体目标的实现。每个图书馆的规章制度是一致的，以此保障不同分馆的馆员和读者的权利一致。尽管各馆馆员不进行轮换，但分馆之间会互相帮助，以提供最优的读者服务为最重要的目标。在读者活动方面，中心馆协调各馆的少儿阅读活动，各分馆为当地居民量身定制活动。图书馆还为热心公益的青少年提供参与组织活动、服务的机会。除提供电脑外，图书馆还提供一系列电脑培训课程，不少分馆还提供了“语言学习室”。这个公共图书馆总分馆体系和当地居民、商业机构密切合作，与社区形成了紧密的联系。文中还介绍了美国北卡罗来纳州达勒姆县的一个东区分馆、俄亥俄州代顿都市图书馆分馆和美国堪萨斯州维吉塔市公共图书馆的总分馆体系①。

3.5.2 省域中心的总分馆制研究

在以省图书馆为中心的总分馆制模式中，由广东省立中山图书馆创建的广东流动图书馆服务体系最具有代表性。广东流动图书馆建设于 2003 年 11 月 23 日正式启动，通过垂直化运作模式，先后在粤东、粤西及粤北经济欠发达地区设立了 95 家流动分馆，协助分馆在乡、镇、村设立基层服务点约 600 个，初步建立起了省、市、县、乡镇、村 5 级公共图书馆服务体系②。项目实施以来，服务惠及广东全省各地，已成为民众文化生活中的重要组成部分，

① HILYARD N B.The heart of the neighborhood：branch libraries today［J］.Public libraries，2008（4）：15-20.

② 王蕾，何韵.试论公共图书馆服务体系治理机制的建立——以广东流动图书馆为例［J］.图书情报工作，2014（12）：71-77.

社会效益十分显著。

广东流动图书馆首创在全省范围内将“流动服务”与“物流配送”两种理念结合的大规模运作方式①。其建设模式是以网络为基础，以知识导航为动力，以资源共享为目标，围绕“建机制、创模式、育人才、出效益”的宗旨，推动全省公共图书馆事业的发展，以实现图书信息物流化、资源配置合理化、知识导航数字化、信息咨询专家化、文献信息传递网络化、文献征集协作化、人才培养制度化、管理机制契约化，即以总分馆的模式，整合全省资源，实现资源共享②。谢小燕等详细论述了广东流动图书馆的具体运作模式：广东省财政每年下拨 500 万元专项购书经费，由广东省立中山图书馆牵头，购置一定数量适合基层读者阅览的图书，经过分编加工，分别送到符合加盟条件的县级图书馆及设立的流动图书馆分馆中，供读者阅读。除图书外，广东省立中山图书馆还负责书架、电脑、打印机、监测仪等设备的采购和运送，并负责对各分馆工作人员进行业务培训和业务指导。县级图书馆则负责为流动分馆提供场地和阅览桌椅③。广东流动图书馆尝试改变“一级政府设置一个图书馆”“一个城市只有一个图书馆”的状况，并初步建立了各个县的图书馆服务体系，突破了现有分级财政体制机制和图书馆管理体制机制的制约，加强了农村与基层公共图书馆服务，具有一定的可持续发展能力④。

广东流动图书馆建设所取得的社会效益也是相关研究的一大关注点。陈卫东、王蕾结合国际图书馆绩效评价指标，系统探讨了广东流动图书馆在扩大流动图书馆的辐射力和提升全民文化素质等几方面所创造的社会效益。广东流动图书馆首创公共图书馆延伸服务“图书物流模式”、采用扁平化管理、推进图书和电子资源组织和整合、采用制度规范管理并引入自动化管理系统

① 刘洪辉.梦想与现实:构建普遍均等服务体系——以广东流动图书馆发展为例[J].图书馆,2014(6):49-52,56.

② 陈卫东.广东流动图书馆实践研究[J].图书馆论坛,2005(5):34-37.

③ 谢小燕,王蕾.广东流动图书馆建设实践研究[J].图书与情报,2011(2):84-90.

④ 陈卫东,王蕾.广东流动图书馆及其效益研究[J].图书馆,2013(1):28-30,39.

等创新举措，为我国公共图书馆的发展和改革提供了先进经验和成功范例[①]。潘燕桃认为，广东流动图书馆项目的成功落地是公共、公开、公益、共享、平等、自由的图书馆核心价值与服务理念的体现，对民众尤其是弱势群体的图书馆权利和阅读权利的充分保障和实现是新世纪中国公共图书馆思想复兴的标志之一。广东流动图书馆是公共图书馆理念的成功实践，其发展可以延续，其模式可以复刻，其经验可以借鉴[②]。

随着时代的变化和广东流动图书馆的纵深发展，广东流动图书馆如何实现可持续发展也是有关研究较为关注的问题。在总分馆制度下，人才匮乏、契约化管理约束力不足、各加盟馆的配套经费投入难以得到保证等问题将是影响广东流动图书馆持续发展的几个重要因素。流动图书馆可持续发展的根本是政府的经费投入。陈卫东从建立完善公共文化服务体系、加强人才队伍建设、完善管理体制机制、完善法制等方面出发总结阐述了广东流动图书馆的可持续发展策略[③]。

3.5.3 图书馆业务合作研究

（1）联合编目

一般认为，联合编目是指“一组各自独立的图书馆开展的书目原始编目的协作活动，成员馆之间有义务相互提供书目记录”[④]。编制联合编目是图书馆之间打破空间壁垒，实现资源共享一体化的基础业务工作，是一项十分重要的工作。联合编目通过利用中心馆的高端设备、技术力量和管理经验的共享

① 陈卫东，王蕾.广东流动图书馆及其效益研究［J］.图书馆，2013(1)：28-30，39.

② 潘燕桃.公共图书馆理念的成功实践——广东流动图书馆［J］.图书馆论坛，2008(6)：79-84，149.

③ 陈卫东.广东流动图书馆及其可持续发展研究［J］.图书馆论坛，2008(5)：99-102.

④ 廖永霞，姚蓉.平坦环境下全国联合编目工作之我见［G］//国家图书馆中文采编部.变革时代的文献编目.北京：国家图书馆出版社，2010：1-6.

来降低成员馆的编目成本，一方面提高编目工作的质量，另一方面减少书目数据资源重复建设的情况，大大推动了公共图书馆自动化建设的进程，对地方图书馆的发展起到了促进作用，符合现代图书馆发展的规律[①]。

1997 年由国家图书馆牵头的全国图书馆联合编目中心（简称“联编中心”）成立，是我国影响最大、工作开展最好的联机编目机构[②]。截至 2018 年底，用户数量已达 3493 家。联编中心以国家图书馆为中心，借助其丰厚的馆藏资源、强大的图书馆专家队伍与优秀的编目人才，以现代图书馆管理理念为指导，采用现代技术手段，通过整合全国范围内各级各类图书馆丰富的书目数据资源和人力资源，建立一个信息网络联合体，降低成员馆及用户的编目成本，提升编目工作质量，实现书目数据资源的共建共享[③]。

同时，联合编目事业也在地区间广泛实践。例如广州图书馆联合广州市属各区（县）图书馆共同创建了广州市图书馆文献联合编目中心，通过联机合作编目的方式，实现全市图书馆文献资源的共建共享[④]。

（2）联合参考咨询

联合参考咨询服务是在对图书馆资源进行整合的基础上，将多个图书馆的信息资源和人力资源进行共享，联合为用户提供参考咨询服务的一种方式。联合参考咨询使参考咨询服务的范围、深度、时间得到了拓展。1998 年 8 月由国家图书馆牵头组建的“全国图书馆信息咨询协作网”是我国图书馆联合参考咨询服务发展的开端[⑤]。由广东省立中山图书馆倡导、文化部全国文化信

① 陈娟.总分馆制下联合编目中文图书书目质量控制策略研究——以深圳市“图书馆之城”为例[J].图书馆研究,2019(4):65-71.

② 李湜清.我国几大联合编目中心现状研究[J].图书馆,2009(5):111-113.

③ 叶忆文.试论全国图书馆联合编目中心的公益性服务[J].四川图书馆学报,2012(5):5-8.

④ 陈雅.图书馆编目系统更换实践研究——兼论地区联合编目中心数据质量控制策略[J].图书馆学刊,2016(8):32-35.

⑤ 焦玉英,王娜.国内合作参考咨询服务发展研究[J].中国图书馆学报,2005(1):59-62.

息资源建设管理中心指导建立的全国图书馆参考咨询联盟（其前身为“联合参考咨询网”“联合参考咨询与文献传递网”①），自2003年成立以来不断改版，服务范围不断扩大，迄今已有近20个省（自治区、直辖市）的80多个公共图书馆、高校图书馆加盟，联合开展网上参考咨询和文献传递服务，成为目前我国加盟成员馆和咨询馆员人数最多的参考咨询联盟系统②。近年来，广东省各级图书馆与广西、山东、福建、海南、天津等地区的多家公共图书馆合作建立的“联合参考咨询与文献传递网”已实现无缝连接，服务对象覆盖全国③。此外，上海图书馆的“网上联合知识导航站”、湖南图书馆的“湖南省文献信息资源共建共享协作网”、浙江图书馆的“联合知识导航网”等也是我国较有代表性的由地区中心公共图书馆主导，联合公共、高校、科学图书馆共同参与的地区性联合参考咨询服务项目④。

地区性联合参考咨询服务项目建立后，不断探索蕴含当地特色的图书馆合作模式，并随着业务的开展，逐步扩大组织规模、完善运行机制、提高服务效能，在整合各类文献信息资源和服务力量、推动图书馆公益性服务的扩展、促进网络信息服务事业的多元化发展等方面创造了显著的社会效益⑤。步入新时期，在新型信息技术快速发展的背景下，图书馆参考咨询服务的内容和方式都发生了变化，构建以数据信息为基础的参考咨询服务创新机制，通过协调与耦合实现数据在规格、类型、数量等方面的无缝对接，进而提升图

① 谢朝晖.联合参考咨询与文献传递网服务系统研究[J].图书馆学研究,2011(8):59-63.

② 蓝青.全国图书馆参考咨询联盟的创新性与实践研究[J].图书馆学研究,2012(14):85-88.

③ 张靖,李思雨,杨乃一,等.广东省公共图书馆事业发展报告(2013—2017)[J].图书馆论坛,2018(10):1-16.

④ 刘洪秋,韩双.国内开展合作数字参考咨询服务状况调查研究[J].图书馆学研究,2010(14):86-89,23.

⑤ 刘文青,殷炎.地区图书馆联合参考咨询服务项目的社会功能探讨[J].国家图书馆学刊,2013(5):15-18.

书馆参考咨询服务社会适应能力[①]。通过知识库的建设、知识共享下知识产权的保护、参考馆员的评价和激励机制[②]等提升知识咨询的水平将是图书馆联合参考咨询事业创新发展的方向。

3.6 公共图书馆社会力量参与机制研究

社会力量在国家治理中发挥着重要的作用。随着公共文化事业的不断发展，社会力量也逐渐成为公共图书馆建设的重要辅助力量[③]。完善社会力量参与机制，吸引更多社会力量参与图书馆建设是公共图书馆创新管理运行机制的重要途径。近年来，为鼓励社会力量参与公共文化服务建设，国家陆续出台了一系列扶持政策。2017 年 3 月 1 日实施的《中华人民共和国公共文化服务保障法》提出国家采取政府购买服务等措施，支持公民、法人和其他组织参与提供公共文化服务。2017 年 7 月出台的《“十三五”时期全国公共图书馆事业发展规划》明确“政府主导、社会参与”基本原则，指出要“将公共图书馆事业发展纳入现代公共文化服务体系，加强组织领导、政策支持和监督管理，落实基本公共文化服务标准，鼓励和引导社会力量参与公共图书馆的建设、管理和服务。”[④]2018 年 1 月 1 日实施的《中华人民共和国公共图书馆法》鼓励公民、法人和其他组织自筹资金设立公共图书馆或是通

① 袁红军.大数据时代下图书馆参考咨询服务创新机制探究[J].图书馆工作与研究,2017(1):16-19.

② 李文辉.知识咨询实践初探——以全国图书馆参考咨询联盟为例[J].高校图书馆工作,2013(6):77-80.

③ 杨玉麟.关于“社会力量参与图书馆建设”若干问题的思考[J].图书与情报,2008(1):8-11.

④ 文化部关于印发《“十三五”时期全国公共图书馆事业发展规划》的通知[EB/OL].[2022-08-02].https://zwgk.mct.gov.cn/zfxxgkml/202012/t20201204_925712.html.

过向公共图书馆捐赠参与公共图书馆的建设；要求县级以上人民政府应当积极调动社会力量参与公共图书馆建设，并按照国家有关规定给予政策扶持[①]。这些政策都为我国公共图书馆建立健全社会力量参与机制提供了政策支持。

3.6.1 社会力量参与现状研究

有学者对近十年我国社会力量参与公共图书馆管理的相关文献进行研究，分析我国图书馆社会力量参与机制的研究现状。研究结果表明，近年来社会力量参与在图书馆领域的研究热点主要集中在志愿者服务、社会力量参与法制保障、政府购买、业务外包、PPP 模式、社会捐赠以及基层公共图书馆发展等方向[②]。在对社会力量参与机制的运行模式和创新手段的研究中，有学者认为，从参与层级角度出发，社会力量参与机制运行模式包括让社会力量直接参与兴办图书馆、承接公共图书馆经营与管理工作、志愿参与公共图书馆服务或者向公共图书馆提供款物捐助[③]。新环境下，有关公共图书馆管理运行中社会力量参与情况的研究大多是与实际案例结合进行的。相关研究表明，近年来，在国家和政府的大力支持下，部分地区在公共图书馆建设方面已经积累一些有价值的经验，但是还存在很大的发展空间。其中，比较成功的社会力量参与案例包括广州市黄埔区图书馆的“政府主导资源补给 + 企业园区自主运营 + 社会参与”的分馆建设模式、佛山市图书馆的“邻里图书馆”项目及其构建的“图书馆 + 家庭”的阅读体系。除了通过提供资金、馆舍与设

---

① 中华人民共和国公共图书馆法［EB/OL］.（2017-11-05）［2022-08-02］.http://www.gov.cn/xinwen/2017-11/05/content_5237326.htm.

② 陆和建，赵瑾.2008—2018 年我国社会力量参与公共图书馆管理研究综述［J］.图书情报工作，2020（4）：146-152.

③ 张若冰，申晓娟，李丹.社会力量参与公共图书馆服务体系建设现状简析［J］.国家图书馆学刊，2015（4）：21-24.

备等资源参与图书馆建设，业内也鼓励公众为图书馆的开发提供建设性的想法与思路，参与图书馆管理。霍瑞娟从志愿服务、法人治理、政府与社会资本合作、政府购买公共服务等方面剖析了社会力量参与公共图书馆管理运营实践的现实情况，针对社会力量参与的程度不深、方式简单、可持续发展能力欠缺、制度亟待革新等现存问题，提出要探索社会力量参与公共图书馆管理运行的新的途径和手段，推动公共图书馆以创新的形式发展①。

3.6.2 社会力量参与机制内容研究

志愿者服务是社会力量参与图书馆管理运行最直接的途径。目前，我国学者对于志愿者服务的研究主要集中在探索完善志愿者招募机制方面，尤其是对未成年人志愿者的长效培育机制研究。通过研究国外图书馆志愿者服务，吴迪等介绍了国外发展相对完善的志愿者机制以供国内图书馆借鉴，并总结了国外图书馆在志愿者服务内容、管理机制以及鼓励措施等方面的经验②。志愿者是公共图书馆在发展过程中可依靠的重要财产与资源，完善的激励机制能促使志愿者发挥自身的智慧，并吸引更多优秀的志愿者加入图书馆的公共文化服务。对于志愿者激励机制的研究，早期学者的关注热点是高校图书馆志愿者激励机制，随着研究的不断发展成熟，对公共图书馆志愿者激励方面的研究也逐渐增加。与此同时，也有学者从志愿者功能出发，总结分析了志愿者对于公共图书馆的重要性，同时提出了扩展招募渠道、严格选拔等举措。赵晓蕊以上海虹口区志愿者激励机制存在的问题为切入点，从情感激励、物质激励、荣誉激励、培训激励等层面提出了自己的

① 霍瑞娟.新环境下社会力量参与公共图书馆管理运行创新研究[J].图书馆学研究,2017(9):19-23.

② 吴迪.海外图书馆志愿者的经验及启示[J].图书馆学研究,2009(1):80-81.

建议[①]。

PPP 模式即“政府和社会资本合作”，是政府部门通过与社会资本建立伙伴关系提供公共产品或服务的一种方式[②]。要研究社会力量在图书馆管理运行中的应用，PPP 模式是一个重要研究方向。史煜娟、杨丰全等在探讨公共图书馆推行 PPP 模式的基础条件和推广必要的基础上，对 PPP 模式推行中可能出现的问题和挑战进行了解读，并针对图书馆 PPP 模式发展的现状给出了建议和对策，为我国图书馆推行 PPP 模式提供些许思路[③]。而王玉保等则探讨了 PPP 模式在公共图书馆服务体系建设中的推广价值和重要性，指出该模式在公共图书馆服务体系建设实际应用中具备可行性[④]。此外，不少学者关注 PPP 模式在促进图书馆创新发展等方面发挥的作用，并结合阅读推广、“图书馆+”等具体实践进行分析。张守卫等对江阴市图书馆的“三味书咖”全民阅读实践项目进行了分析，总结出 PPP 模式成功运行的经验[⑤]。

随着政府购买公共文化服务实践的不断发展，政府购买服务模式逐渐深入图书馆行业，不少学者以政府购买服务为课题开展相关研究。张庆伟等通过分析政府向社会力量购买公共图书馆服务的案例，提出加强顶层设计、规范购买流程等可行性较强的建议[⑥]。杨晓东也对政府向社会力量购买图书馆服务持积极态度，并分析了其将为图书馆公共文化服务带来的变革[⑦]。还有一些

① 赵晓蕊.浅谈公共图书馆志愿者激励机制——以上海市虹口区图书馆为例[C]//全国中小型公共图书馆联合会.2017年全国中小型公共图书馆联合会研讨会论文集(三等奖).全国中小型公共图书馆联合会,2017:195-199.

② 王灏.PPP的定义和分类研究[J].都市快轨交通,2004(5):23-27.

③ 史煜娟.PPP模式在公共图书馆服务体系建设中的应用研究[J].图书与情报,2017(3):78-83;杨丰全.PPP模式在公共图书馆中的应用探析[J].图书馆建设,2016(4):78-81,86.

④ 王玉保,张莨,梁素伟.PPP模式在公共图书馆服务体系建设中的应用[J].智库时代,2019(16):124-125.

⑤ 张守卫,杨幀.江阴市图书馆全民阅读PPP模式探析[J].图书馆学研究,2016(19):77-81.

⑥ 张庆伟.政府向社会力量购买公共图书馆服务现状调查分析[J].图书馆理论与实践,2017(9):84-87.

⑦ 杨晓东.变革的逻辑:政府向社会力量购买图书馆服务的机理分析[J].图书馆研究与工作,2018(3):25-30,55.

学者从需求驱动等维度探讨了社会力量在政府购买服务中扮演的角色，同时强调社会组织应建立完善的组织制度、提高服务能力、规范经营行为，以实现健康成长与可持续发展[①]。

社会捐赠是公共图书馆开拓经费来源、筹措发展资源、实现可持续发展的重要途径，也是社会力量参与图书馆管理运行的重要方式[②]。图书馆接收社会捐赠一直都是业界和学界探讨的热门话题，早在2004年就有研究人员从捐赠法的角度对图书馆接收社会文献捐赠进行探讨，之后更多学者相继开展了有关社会捐赠的研究。章亦倩对温州市图书馆接受社会捐赠工作的情况进行了分析，对社会捐赠在丰富馆藏、促进图书馆事业发展等领域的积极意义予以肯定[③]。与此同时，部分学者根据目前社会捐赠的情况分析了图书馆社会捐赠存在的不足，并从多个角度对社会捐赠的未来发展进行了开拓性思考，并提出了行之有效的路径[④]。公共图书馆馆员则大多从本地区图书馆出发研究社会捐赠问题，如丁振伟、宫平等从辽宁地区图书馆接收社会捐赠入手，对社会捐赠开展实证调研，总结了目前社会捐赠现象以及赠品管理方面的问题，并给出相关解决问题的意见[⑤]。

① 杨恒，王凤姣，龚蛟腾. 政府购买公共图书馆服务的四维体系研究[J]. 图书馆学研究，2020(1):16-21.

② 张策. 公共图书馆接受社会捐赠的运行机制研究[D]. 昆明：云南大学，2019:12.

③ 章亦倩. 以温州图书馆为例看公共图书馆的社会捐赠[J]. 图书馆理论与实践，2008(6):99-101.

④ 王磊，胡永强. 图书馆社会捐赠缺失成因及其思考[J]. 图书馆学研究，2014(1):50-53.

⑤ 丁振伟，宫平. 图书馆社会捐赠现状实证研究——以辽宁地区图书馆社会捐赠为例[J]. 图书馆学研究，2014(2):42-47.

3.7 现有问题总结

3.7.1 绩效评价机制

绩效管理缺少权责清晰、开放灵活的组织文化支持。林金瑞提出要重视绩效评价体系的建立，认为公共图书馆在绩效评价的过程中应该从多角度、多方位对图书馆的绩效作出评价，并构建一个合理化、公平化的绩效评价体系；图书馆内部也要注重自我评估，可在图书馆内部设立专门的绩效评价部门，打造完善的绩效考核计划；同时也要及时引入第三方评价机构[①]。

在公共图书馆转型发展的关键节点，管理运行机制创新是其重塑未来的重要驱动力。营造良好的创新环境，需要国家和图书馆行业的宏观鼓励联动各个图书馆的内部激励。在绩效评价机制的基础上，对于国内有重大创新并获得较好反响的图书馆管理运行创新案例，国家和政府可以联合行业组织和协会建立示范点，并投入奖励资金以支持其进一步发展和交流推广。

3.7.2 人才队伍建设

自 21 世纪以来，经过不断变革创新，图书馆的人才队伍建设已经取得了很大进步，馆员的学历、知识、年龄结构都在不断改善。

在图书馆建设实践中，人才队伍建设仍然需要给予更高的重视。面向未来，陈传夫、陈一对我国图书馆转型风险进行研究，结果表明，我国公共图

① 林金瑞.公共图书馆绩效评价影响因素与实施策略研究[J].图书馆研究,2019(6):54-58.

书馆从业人员对资金、财务风险的认识度更高，相比之下，对于人才队伍建设的重视稍显不足[①]。

3.7.3 法人治理机制

近年来，我国公共图书馆推行法人治理机制虽已取得一定成效，但仍存在不少问题。学界普遍认为法人治理机制的运行、理事会职能的切实发挥都有赖于法律的保障，因此强化立法、加强法律保障是我国公共图书馆法人治理机制改革的重中之重，必须尽快推动更细致的法律法规出台、推广和应用。

除此之外，调查显示，大部分的图书馆理事会并不具备决策职能，而仅仅起到了咨询的作用，即便是具有决策职能的理事会，有些也只是拥有极少的决策权。理事会没有决策权，那么法人治理结构改革就无法继续推进[②]。在未来的改革实践中，公共图书馆需要确定理事会的决策地位，明确政府与公共图书馆的权责关系，图书馆要充分发挥理事会在管理决策中的作用，并进一步明晰理事会与管理层、党组织和职代会等的权责关系。

3.7.4 图书馆合作协作机制

（1）图书馆总分馆制

在我国公共图书馆总分馆制建设过程中，各地通过长期探索形成了多个颇具成效的服务模式，但公共图书馆体系发展不均衡、不充分等问题也长期、普遍地存在，究其原因，主要是各模式的总分馆制建设没能从根本上解决各

① 陈传夫，陈一.图书馆转型及其风险前瞻[J].中国图书馆学报，2017(4)：32-50.

② 张汝昊，魏凌煦，江向东.大英图书馆法人治理对我国图书馆的启示[J].图书馆，2017(8)：75-82.

级图书馆多头管理、重复建设、各自为政的问题，大多只是做到了体系内成员馆在标准上的相对统一，因此随着总分馆制的纵深发展，这种合作模式遇到了发展的瓶颈。并且许多模式均以政府部门和行业为主要推动者，未能打破行政分级和财政壁垒。各级图书馆的资源由本级政府归口管理，这使得街道尤其是社区（乡镇）图书馆存在多元化的主体，出现责任不清以及人员、场地、经费保障水平不一的问题，导致服务水平参差不齐，不符合公共图书馆服务体系标准化、均等化发展目标的要求[①]。

另外，公共图书馆总分馆制建设还存在以下问题：规划布局不够科学合理；部分图书馆缺少专业人员；总馆对分馆业务工作缺乏应有的指导或指导不力，对软件建设重视程度不够；部分分馆的藏书配备不到位，更新速度慢，缺乏开展服务的基本条件与要素[②]，等等。这些都是新时期公共图书馆总分馆制建设时需要解决的问题。

（2）省域中心的总分馆制

有研究人员通过实地考察和问卷调查的方式对广东流动图书馆的51个分馆进行了用户满意度调查研究，结果表明，流动分馆可以满足用户在工作、职业发展、学业、娱乐等方面的需求，但用户对于上网设备、新书更新时间和馆藏资源等还有不满意的地方[③]。谢敏仪通过分析广东流动图书馆发展历程中的有关数据和案例指出，过高的准入门槛不仅制约了流动图书馆的发展速度，且由人、财、物等资源的重复性投入导致的资源浪费问题，以及后续运营问题等均制约了流动分馆前进的步伐；同时，“流动的图书”和“流动的知识服务”功能体现不足等问题也是制约“广东流动图书馆”发展的不利

---

① 张岩.新时期公共图书馆事业亟待加强的四个领域［J］.国家图书馆学刊,2019（5）:80-88.

② 伏菊英.公共图书馆总分馆制建设现状、问题与发展趋势的思考［J］.四川图书馆学报,2019（5）:8-12.

③ 殷红燕.广东流动图书馆用户满意度调查研究［J］.图书馆论坛,2009（1）:51-54.

因素①。

针对广东流动图书馆在推广中出现的问题，刘洪辉认为产权和使用权剥离的问题是制约广东流动图书馆发展的关键，也是制约各地仿效广东做法的一个现实问题，具体表现为广东省立中山图书馆和基层公共图书馆在资产的产权和使用权上的分置以及缺乏“退出机制”等问题②。

（3）图书馆联盟机制

在图书馆合作与联盟管理机制方面，杜杏叶等通过走访了解到我国国家级图书馆联盟管理情况总体强于区域图书馆联盟，并以问卷形式对国内图书馆联盟成员进行了调查，发现我国图书馆普遍存在组织结构不完善、管理制度不健全等方面的问题，并针对这些问题提出了改进建议③。郑丽娟提出目前区域图书馆联盟存在着发展不平衡、经费来源不足、资源整合程度低等问题④。袁芳以昌北高校图书馆联盟为例，提出目前区域图书馆联盟存在组织管理松散、无强制性管理规范等不足⑤。吴爱云对吉林省图书馆联盟管理上的诸多问题进行了探讨，如领导层召集权限不足、经费保障机制不健全、成员馆积极性不高等⑥。

在图书馆合作与联盟运行机制方面，周慧芳论述了目前区域图书馆联盟存在运行机制中规划指导不统 、标准规范缺乏、利益平衡机制缺乏、资金保障缺乏和监督激励机制不健全等问题⑦。杜杏叶等根据问卷结果指出，图书馆联盟运行中的工作机制、评价机制、激励机制和共享机制等还不够完善，

① 谢敏仪.对广东流动图书馆存与亡的思考[J].图书馆理论与实践,2012(5):62-65.

② 刘洪辉.梦想与现实:构建普遍均等服务体系——以广东流动图书馆发展为例[J].图书馆,2014(6):49-52,56.

③ 杜杏叶,李亚峰,李贺,等.我国图书馆联盟管理与运行机制现状调查研究[J].图书情报工作,2014(9):37-45.

④ 郑丽娟.跨系统区域图书馆联盟发展研究[J].绥化学院学报,2015(12):133-135.

⑤ 袁芳.略论区域图书馆联盟运作机制——以昌北图书馆联盟为例[J].河南图书馆学刊,2016(3):76-77.

⑥ 吴爱云.吉林省图书馆联盟管理机制探析[J].图书馆学研究,2011(14):92-95.

⑦ 周慧芳.区域图书馆联盟资源共享运行机制浅析[J].河南图书馆学刊,2011(1):71-74.

制度规范有待进一步统一和强化，图书馆之间的协同工作还需加强[①]。

（4）图书馆业务合作

在图书馆业务合作方面，学界、业界对联合编目、联合参考咨询等基础业务的问题总结较为充分。在联合编目方面，有学者指出，当前区域公共图书馆联合编目工作中存在的问题主要有：成员馆编目人员业务水平有待提高、部分成员馆参与积极性不高、区（县）馆文献采选不规范对联合数据库建设造成障碍等。

在联合参考咨询方面，一项有关全国图书馆参考咨询联盟现有用户群体的调查表明，全国图书馆参考咨询联盟存在以下不足：年代久的文献无法获取、外文文献获取比较困难、电子图书阅读限制比较多、附件时有损坏等[②]。蒲勃对省级公共图书馆合作式数字参考咨询服务现状进行调查，发现省级公共图书馆合作式参考咨询服务发展呈现不平衡与不完善等问题[③]。

3.7.5 社会参与机制

吴理财等认为，由于我国长期的“强国家—弱社会”结构，公民普遍缺乏公共参与意识，并且思想上严重依赖政府，这在公共文化服务中体现为“等、靠、要”，过于依赖政府提供公共文化服务而缺乏为满足自身需求去主动加入建设工作的参与意识[④]。

在图书馆建设中，社会力量的参与大多出于公益性。一些图书馆，尤其

---

① 杜杏叶，李亚峰，李贺，等.我国图书馆联盟管理与运行机制现状调查研究[J].图书情报工作，2014(9):37-45.

② 谢朝晖.全国图书馆参考咨询联盟用户需求特点及服点现状分析[J].图书馆论坛，2015(2):48-54.

③ 蒲勃.省级公共图书馆合作式数字参考咨询服务调查分析[J].现代情报，2013(2):86-89.

④ 吴理财，贾晓芬，刘磊.以文化治理理念引导社会力量参与公共文化服务[J].江西师范大学学报(哲学社会科学版)，2015(6):85-91.

是公益慈善组织创建的图书馆，由于缺乏财力，在管理中常常引入大量的长期或短期志愿者。这些志愿者虽然对参与公共图书馆发展建设充满热情，却未必具备工作所需的专业素养。因此如何提高社会力量的专业化水平是志愿者服务中需要尽快解决的问题。当前研究多认为公共图书馆应当对社会力量进行必要的培训或者限制准入门槛。

从现阶段的发展情况看，社会力量参与公共图书馆管理和运行也产生了一些新的问题，如服务商中途撤资、服务水平参差不齐、服务承诺不达标①等，导致公共图书馆社会参与难以长期持续，发展水平较低。早在2008年就有学者关注到图书馆建设中社会力量参与的持续性问题。也有学者提出公共图书馆可以在提供公益性服务的基础之上，适当结合馆情开展营利性项目，以经营所得鼓励社会力量的持续参与。同时，社会力量参与公共图书馆服务也要建立公开透明的运行机制，提高参与机制的公信力，使社会捐助在有效的监督机制下合理运作，这也是保障社会参与公共图书馆服务的重要途径。

3.8　实践回顾与理论研究小结

通过对我国公共图书馆在相关方面的实践回顾以及对现有理论研究的分析，笔者梳理并总结出我国公共图书馆在管理运行机制改革创新实践过程中的几个重点领域，主要包括：图书馆绩效评价激励改革、图书馆人才队伍发展机制改革、法人治理结构改革、总分馆制改革、社会力量参与改革五个方面。

结合上述研究结论，本书第4、5、6、7、8章分别针对上述五大重点领

① 霍瑞娟.新环境下社会力量参与公共图书馆管理运行创新研究［J］.图书馆学研究，2017（9）：19-23.

域做进一步的现状调研与讨论，选取国内代表性案例进行分析，以总结出当前我国公共图书馆在管理运行机制改革创新过程中的成就与经验，发现实践过程中的问题与症结，为后续研究提供借鉴与参考。

4 图书馆绩效评价激励的改革创新现状与重点案例分析

4.1 我国公共图书馆绩效评价激励改革的现状

公共图书馆绩效评价（绩效评估）是指运用一定的评价方法、量化指标及评价标准，对图书馆为实现其职能所确定的业绩目标、效益目标的实现程度，以及为实现这一目标所安排预算的执行结果所进行的综合性评价。公共图书馆绩效评价有助于明确公共图书馆的发展方向和宗旨，改善工作和服务中出现的各种问题，从而提高服务质量。因此，绩效评价是激励图书馆发展进步的指向标和监督者。现阶段公共图书馆绩效评价激励改革就是指为激励图书馆事业在“十四五”时期持续健康发展而对绩效评价进行的改革。广州图书馆馆长方家忠提出“十四五”新时期公共图书馆事业的发展路径，即以政府为主导，制订规划、保障人财物等要素投入，“图书馆行业负责运营从政府或社会获得的资源以实现公共服务目标，或协助与支持社会主体共同实现目标”，“其中政府与图书馆行业的作为是必要条件”。政府投入和行业驱动是激励公共图书馆事业发展的主要保障，也是公共图书馆绩效评价改革的主要推动力量[①]。

① 方家忠.新时期中国公共图书馆事业发展的战略任务、路径与全行业参与[J].国家图书馆学刊,2019(5):71-79.

我国公共图书馆绩效评价起源于20世纪90年代。随着公共图书馆评估定级工作的进行与改进，公共图书馆绩效评估已经步入“改革创新阶段”①。

2010年全国哲学社会科学规划办公室将“图书馆绩效评估研究”列入国家社科基金项目指南，图书馆绩效评估的相关研究迎来新高潮，研究与实践的结合愈加紧密。2012年12月，国家标准《信息与文献 图书馆绩效评估指标》发布，图书馆绩效评估进一步规范化。在这一阶段，许多研究者对图书馆绩效管理体系的建立进行积极探索，如柯平等人借鉴了公共文化服务绩效评估的有关理论，以公共图书馆服务绩效评估的价值取向为引领，构建了我国公共图书馆服务绩效评估理论模型②。许多地区也紧跟时代步伐推出了图书馆绩效评估方法，如东莞市人民政府就于2014年9月发布了《东莞市公共文化服务体系绩效评估办法》。

我国公共图书馆的评估定级工作是我国公共图书馆绩效评价激励改革的指向标。第六次全国县级以上公共图书馆评估定级（简称“第六次全国公共图书馆评估”）工作由文化部组织和领导，中国图书馆学会配合负责具体实施，在政府层面和行业层面共同推动公共图书馆事业发展变革。这次评估工作采用了与时俱进的评估指标体系，由注重投入产出比向注重服务效益方面转变③，各项指标尤其是新增的指标能够以评促进、以评促管、以评促用，影响了新时代我国公共图书馆整体绩效评价的改革创新方向。

4.2 我国公共图书馆绩效评价激励改革的主要特点

现阶段公共图书馆绩效评价激励改革以全国公共图书馆评估工作为指引，

---

① 徐华洋.图书馆绩效评估[M].北京:中国建材工业出版社,2016: 24

② 柯平,宫平.公共图书馆服务绩效评估模型探索[J].国家图书馆学刊,2016(6):3-8.

③ 柯平,胡银霞.创新与导向:第六次全国公共图书馆评估新指标[J].图书馆杂志,2017(2):4-10.

部分地区政府因地制宜，不断探索公共文化绩效评价新内容新模式。关于公共图书馆绩效评价激励改革的主要特点，本课题组将聚焦于在全国范围的第六次公共图书馆评估，而在重点案例部分（4.3 节）则将更多介绍有关图书馆的创新实践。

4.2.1　逐渐加深对评估作用的认识

“开展绩效评价、实施绩效管理是促进图书馆建设与可持续发展的重要手段之一。它对图书馆中长期规划的制定与执行，对文献资源、人力资源和技术的优化配置……都有着直接的影响和现实的指导意义”[①]。近年来，各地公共图书馆在绩效评价改革的过程中开始注重绩效评估的反馈作用和长远意义，将绩效评估与公共图书馆的服务、业务、管理工作与长期规划紧密联系。第六次公共图书馆评估工作就强调以评促建、以评促管、以评促用，充分发挥了评估工作对公共图书馆事业的指导作用[②]。

4.2.2　日益重视服务效能导向

根据柯平等对第六次全国公共图书馆评估指标体系中新增指标的分析研究，我国公共图书馆绩效评价指标正逐渐由注重经济、效率以及投入产出比最优化向注重综合考虑效益和服务质量方面转型。第六次全国公共图书馆评估总体顺应这一趋势，向以效能为中心转变，在数字阅读、新媒体服务、服务数据显示度和服务品牌建设等方面，以评估促进服务和效能提升，并建立多渠道的用户反馈机制，通过相应的管理机制和制度保障来提高用户满

---

① 李建霞.图书馆绩效评价研究综述[J].图书情报知识,2011(5):42-52.

② 柯平,宫平.全国公共图书馆第六次评估的意义和特点[J].图书馆建设,2016(12):4-7,14.

意度[①]。

而地方上对公共图书馆绩效评估制度的改革与创新（如东莞市编制的《东莞市公共文化服务体系绩效评估办法》），以及对公共图书馆建设指标的改革与创新（如深圳市图书馆之城建设指标体系），也都体现了对公共图书馆服务效能的重视。

4.2.3 科学性和创新性并重

以第六次全国公共图书馆评估工作为代表，绩效评价对科学性和创新性的关注和应用日益重视。此次评估恰逢“我国大力倡导完善公共文化服务体系，深入推进文化体制改革，大力发展文化产业，推动文化事业繁荣发展的大好时机”[②]，第六次全国公共图书馆评估开启了崭新的公共图书馆评估模式，引领我国公共图书馆绩效评估改革的新方向。科学性方面，“从指标研制到评估运行都弥补了以往的不足，力求科学规范”[③]。指标制定承旧启新，充分考量我国公共图书馆现实情况，并通过多次研讨会和调研不断修改完善，采取试评估反复验证，并采用“先建设、后评估”的评估方法，提升了评估结果的可信度和科学性。第六次全国公共图书馆评估之后，科学性原则受到更高的重视，并延续到我国公共图书馆绩效评估改革的方方面面。创新性方面，近年来的一系列评估活动多是在科学性基础上“积极探索，大胆尝试，将创新实用融入整个评估过程”[④]。

① 柯平，胡银霞．创新与导向：第六次全国公共图书馆评估新指标［J］．图书馆杂志，2017（2）：4-10.

②③④ 柯平，宫平．全国公共图书馆第六次评估的意义和特点［J］．图书馆建设，2016（12）：4-7，14.

4.3 我国公共图书馆绩效评价激励改革的重点案例

4.3.1 实践先驱：东莞市公共文化服务体系绩效评估

为切实提高公共文化服务效能，全方位提升现代公共文化服务体系建设水平，东莞市早在2014年就发布了《东莞市公共文化服务体系绩效评估办法》[①]（以下简称《办法》），东莞市政府依据绩效评估指标体系，运用《办法》评价公共文化服务体系服务效能，充分发挥了评估工作对创新工作机制、改进服务质量、提升服务效能的重要作用。为保证公共文化机构能够落实评估工作，《办法》要求建立绩效评估制度，建立绩效评估责任制，被评估单位确保提供的信息真实、准确，积极配合绩效评估工作。为了鼓励公共文化机构按照评估工作提升建设水平，实现以评促建、以评促改、以评促创，绩效评估结果将被分为优、良、中、低、差五个等次并在全市进行通报；同时，在评估过程中若有弄虚作假行为的，也会受到通报批评。

2017年，东莞市对所辖各镇（街道）公共文化服务状况进行了客观、公允的分析和评估，以此激发基层文化发展动力，为群众提供更高质量的文化服务[②]。目前东莞市已将公共文化服务绩效评估结果纳入对镇街领导班子考核的指标体系之中。从2016年起东莞市就在全市开展公共文化服务评估数据采集填报工作，每年优化改进评估方式、评价指标体系、绩效考核体系，对群

① 关于印发《东莞市公共文化服务体系绩效评估办法》的通知[EB/OL].（2014-09-23）[2020-06-11].http://www.dg.gov.cn/gkmlpt/content/0/589/post_589672.html#684.

② 东莞：以绩效评估激发基层文化动力[EB/OL].（2018-09-05）[2020-06-27]. http://z.sun0769.com/2018/ggwhfw/xwzx/201810/t20181022_7951525.shtml.

众参与度满意度第三方调查指标等进行调整和改进，以期通过每年的数据积累，最终形成东莞公共文化服务的数据库，为公共文化示范区建设助力。

4.3.2 创新探索：深圳市龙岗区图书馆引入卓越绩效模式

深圳市龙岗区图书馆制定了《龙岗区图书馆公共服务卓越绩效管理指引》，在“大部门制度、个性化服务、普惠性服务、业务外包、利益相关方协作等方面形成特有的管理模式，从而在制度层面上，有力地保障了卓越绩效测评体系各项建设指标的贯彻实施”[①]。龙岗区图书馆在其卓越绩效管理实践中构建了独具特色的卓越绩效管理系统，该系统“以使命、愿景、价值观为核心，以卓越计分卡（即龙岗区公共图书馆建设测评体系）为主线，以基础设施、发展动力、服务系统、关键绩效的‘四个提升’为支柱，以三个工具（卓越绩效管理、卓越计分卡、对标管理）和五个机制（即反馈、分析、评价、学习、共享）为载体”[②]。

一方面，龙岗区图书馆的卓越绩效管理注重员工的综合素养，注意充分调动员工的积极性和对工作的热情，进一步提高服务质量；另一方面，龙岗区图书馆的卓越绩效管理对阅读反馈十分重视，以调查与研究关键读者阅读需求为重心，及时有效倾听读者在阅读中对图书馆阅读服务的意见，并据此对服务工作进行改进[③]。

龙岗区图书馆卓越绩效管理中对服务的重视源于《龙岗区公共服务卓越绩效评价准则》《图书馆之城建设指标体系研究》中相关测评指标的设定。这两者均将服务效能作为公共图书馆绩效评估的重心。龙岗区图书馆按照《龙岗区公共服务卓越绩效评价准则》，逐项进行对比和梳理，规范本馆各类业务

①② 卢向东.图书馆卓越绩效管理的实践与探索[J].河南图书馆学刊,2014(7):84-86.

③ 卢向东.卓越绩效模式下图书馆服务价值观的实践探索——以深圳市龙岗区图书馆为例[J].图书馆学刊,2015(6):40-41,45.

工作流程。该馆参考深圳市《图书馆之城建设指标体系研究》相关测评指标，因“馆”制宜制定了本馆基于服务质量和服务效益的重点绩效指标。

总而言之，龙岗区图书馆在以服务为重心的绩效评价体系下引入先进绩效管理理念，既符合我国公共图书馆绩效评价改革的导向，又为公共图书馆绩效评价激励改革提供了新方法和新路径。

4.4 我国公共图书馆绩效评价激励改革的成就与经验

第六次全国公共图书馆评估工作是公共图书馆绩效评价改革的代表性事件，对全国公共图书馆事业发展的方向产生了深刻的影响，公共图书馆相关制度也因此而不断调整改进。2017年1月5日，文化部办公厅向全国下发《文化部办公厅关于开展第六次全国县级以上公共图书馆评估定级工作的通知》，公布各级图书馆评估标准①。在正式评估展开之前，中国图书馆学会联合各地图书馆学会组织开展了一系列定级宣讲培训②，确保各级公共图书馆理解评估标准，并按照评估标准改进现在的工作。

第六次全国公共图书馆评估工作之后，全国各地对提高公共图书馆服务水平的意义有了更深刻的理解，公共图书馆的转型取得显著成果。公共图书馆迎合信息技术发展下用户新需求，重视新技术在公共图书馆的应用，纷纷增设微博、微信公众平台提供新媒体服务，方便用户线上获取馆藏资源；积极利用技术手段和设备创新图书馆服务内容和服务形式，满足用户远程访问馆藏的需求，更加重视图书馆功能适用性，提高空间设置的人性化水平以提

① 文化部办公厅关于开展第六次全国县级以上公共图书馆评估定级工作的通知[EB/OL].(2019-01-05)[2020-06-16].http://www.lsc.org.cn/contents/1129/9230.html.

② 柯平，宫平.全国公共图书馆第六次评估的意义和特点[J].图书馆建设，2016(12):4-7,14.

升用户体验。发端于国外的移动创客空间服务也受到国内学者的关注，与公共图书馆创客空间相关的文献数量在 2016 年比前一年翻一番，在 2017 年则达到顶峰，第六次全国公共图书馆评估或多或少在其中起到了一定的激励作用。发展创客空间服务是图书馆扩大业务范围、适应复杂环境下的新形势、主动寻求切入转型的契机，创客空间和创客文化也“能使图书馆更好地履行为知识创新提供环境、资源便利，为人类的终身学习提供支持的社会使命和社会价值”①。

各级公共图书馆明确职能定位，区域公共图书馆协调发展是第六次全国公共图书馆评估工作的另一重要成效。“省级公共图书馆侧重业务建设，以更好地实现其在全省公共图书馆业务工作中的指导协调职能；地市级图书馆和县级图书馆侧重服务效能，实现其地区公共文化服务支持作用，保障基本公共文化建设将服务落实到最基层”②。

4.5 我国公共图书馆绩效评价激励改革的问题与症结

尽管有政府的政策和资源投入、图书馆行业的内在驱动、以用户需求为中心的服务导向等利好因素，公共图书馆绩效评价激励有明确的方向和外部动力，但仍存在保障不足等症结。

① 陶蕾.图书馆创客空间建设研究[J].图书情报工作,2013(14):72-76,113.

② 柯平,宫平.全国公共图书馆第六次评估的意义和特点[J].图书馆建设,2016(12):4-7,14.

4.5.1 以服务效能为中心的评估效用亟待深化

提升服务效能是公共图书馆发展的必经之路。“十四五”时期公共图书馆的发展势必要从“粗放型”的大规模投入式发展模式转向“精细化”发展模式，围绕服务这一核心，重视服务质量与用户体验。第六次全国公共图书馆评估工作是第一次以服务水平为导向，由注重投入产出比转向注重服务效益，在“以评促改”的作用下，全国公共图书馆也开始关注服务效能的提升。然而提升服务效能非一朝一夕之功，更多公共图书馆，诸如许多中西部地区图书馆、基层图书馆对服务效能的重视还不够，需在绩效评价上经过漫长的引导才能达到。

如何让“服务效能导向”发挥长久效力？东莞市从 2016 年起对全市公共文化服务进行数据收集，并在每年对其进行调整、改进、优化、提升，以期通过对历年数据的累积，逐步建成东莞公共文化服务的数据库，为公共文化示范区建设助力。为了继续引导全国公共图书馆对服务效能的重视，公共图书馆绩效评价激励改革应当进一步以服务效能为导向，围绕服务效能建立绩效评估指标体系，改进评估方法，改革和创新绩效评价制度和规范，使绩效评估工作在未来继续引领和指导公共图书馆在服务效能提升的道路上不断前进。

4.5.2 评估结果与经费投入不挂钩

我国公共图书馆绩效评价改革的症结之一在于如何确保绩效评价结果的约束力。当前我国的公共图书馆评估工作不仅包括对全国范围内县级以上公共图书馆进行的评估定级，更有各地自行开展的本地区公共文化体系绩效评估工作。耗费巨大的人力、物力、财力投入评估工作之中，但评估结果的约束力却与投入不成正比，关键就在于评估结果与图书馆经费不挂钩，评估结果无法从根本上对图书馆形成约束力。

我国公共图书馆的经费来源主要依靠当地政府，“各级政府在图书馆经费的投入上不一致，甚至对于同一级别的图书馆，政府在经费投入上也有很大的差距。相互参照其他地区同级别的图书馆拨付情况，各馆都是自己去当地财政争取经费”①。地方经济越发达，政府对公共文化事业越重视，若其馆长统筹协调能力强，则公共图书馆的经费就会相对充足，在满足基本的支出之外还能有多余的经费用于开展活动。传统的财政体制使图书馆资源分配固化，欠发达地区的公共图书馆很难以获取资源来发展建设。为了改善公共图书馆资源分配体系，激发公共图书馆改革创新的动力，提高服务效能，未来应该实现公共图书馆绩效与经费挂钩，重视绩效评估对图书馆的建设反馈作用，以绩效评估的结果分配资源。

实际上，当前较为成功的公共图书绩效改革案例已经认识到如何维持绩效评估约束力的问题，强调将绩效评估结果与财政拨款相关联。如山东省在《关于提升全省公共文化机构服务效能的意见》中就提出“省文化厅组织开展的评估、考核、测评等结果……作为相关项目经费分配的重要依据”②，明确规定将按照公共文化服务绩效考核结果为相关项目进行经费分配，落实绩效评估结果与上级机关单位下拨资金份额挂钩的政策。东莞市在《东莞市公共文化服务体系绩效评估办法》中虽然提出将绩效评估结果分为五个等次并进行通报，同时将评估结果纳入对镇街领导班子考核的指标体系，强调了绩效评估结果的重要性，却并未将评估结果与经费挂钩，未来在这一方面还需要进一步调整和改进③。我国公共图书馆绩效改革应当重视将评估结果与财政拨款相关联，充分实现绩效评估工作的反馈与指导作用，从而使公共图书馆事业

① 陈庆苏.公共图书馆评估引发的思考[J].图书馆建设,2010(5):84-86.

② 山东省文化和旅游厅.关于提升全省公共文化机构服务效能的意见[EB/OL].[2022-08-02].http://whhly.shandong.gov.cn/art/2018/4/10/art_100579_7257700.html.

③ 关于印发《东莞市公共文化服务体系绩效评估办法》的通知[J].东莞市人民政府公报,2014(9):17-20.

持续健康发展。

4.5.3 评估对用户满意度的重视有待提高

随着移动服务的进一步发展，越来越多的公共图书馆实现了读者“足不出户”便可享受多样化的图书馆服务。借助移动服务平台，公共图书馆有条件向广大读者征求服务体验的反馈，从而对图书馆的服务工作进行评估，推动公共图书馆业务能力的提升。

目前，我国公共图书馆评估工作对读者满意度的重视程度仍然不足。当前的公共图书馆绩效评估工作，更注重的是对地方政府所下达指标的完成状况以及图书馆业务数据的发展情况，读者评价仅占图书馆绩效评估工作中的一小部分。此外，图书馆对于读者反馈意见的落实程度也明显不足，读者的优质意见和建议未能充分体现在图书馆服务效能提升的过程中，由此影响了图书馆的社会认同度，使得图书馆社会效益得不到充分体现。在日益重视“以用户为中心”的文化体制改革背景下，这一状况显然亟待完善。

5　图书馆人才队伍发展机制改革创新现状与重点案例分析

5.1　我国公共图书馆人才队伍发展机制改革创新的现状

图书馆作为事业单位，其改革以服务效能为导向。图书馆学界一向有一个说法，“图书馆服务所发挥的作用中，图书馆的建筑物占 5%，信息资料占 20 %，而图书馆员占 75 %”①。因此，对于馆员的评估和激励显得尤为重要，有必要以良好的馆员绩效管理方法，有目的性地激励馆员提升服务效果和服务能力，从而提升整个图书馆的服务效能。

2000 年，中共中央组织部、人事部印发《关于加快推进事业单位人事制度改革的意见》，提出要建设以聘用制为基础的，分配激励机制多样灵活、人员安置合理多层次、人事监督高效到位的事业单位人事制度②。在此背景下，公共图书馆领域的人才队伍发展机制也受到了社会的关注。有学者指出，欠发达地区公共图书馆要完善人才激励机制，首先应建立合理的工资分配制

① 吴建中. 21 世纪图书馆员的使命[J]. 图书馆杂志，1999(3):22-24.

② 关于印发《关于加快推进事业单位人事制度改革的意见》的通知[EB/OL].(2000-07-21)[2020-08-01]. http://www.gov.cn/gongbao/content/2000/content_60418.htm.

度，将工资收入与个人劳动贡献、工作绩效等联系起来，按个人业绩分配工资，增强工资制度的激励功能；其次，应当实行竞争上岗制，建立公平的升迁机制，择优选拔，提高员工的竞争意识。这一时期，一些公共图书馆开始探索新时期图书馆人才队伍建设与馆员激励的合理模式，如深圳图书馆推行的“人员流动、双向选择、全员聘用、能级对应、去虚名、重实绩”模式①。

从政策上看，国家十分重视对文化领域人才的培养、激励、保障制度的建设。如第六次全国公共图书馆评估就提出建立业务研究激励制度，鼓励馆员投身科研，支持馆员继续教育，加强图书馆组织文化建设②，以提升馆员职业自信心和凝聚力。

5.2 我国公共图书馆人才队伍发展机制改革创新的主要特点

5.2.1 人才发展机制自主性不足

公共图书馆人才队伍发展机制建设由来已久，随着公共图书馆事业的发展，对图书馆员的评估和激励也在不断地被讨论和改进。然而，从总体看，这一机制明显受事业单位总体机制的限制，缺乏相应的自主性。作为公共文化服务的事业单位，公共图书馆的人才队伍建设与事业单位人才机制密切关联。公共图书馆作为文化机构，不同于一般的事业单位，有一定的特殊性。事业单位总体机制的限制阻碍了公共图书馆自主性的发挥，导致人才体制僵化、人员积极性不高、服务效能低。

① 张玉珍.对西部地区图书馆人才资源开发的几点思考[J].图书馆工作与研究,2001(2):7-9.

② 柯平,胡银霞.创新与导向:第六次全国公共图书馆评估新指标[J].图书馆杂志,2017(2):4-10.

5.2.2 基层人才与非基层人才发展差距巨大

公共图书馆对馆员的激励在具备资金、资源能力的图书馆能得到有效实施，但对于没有足够物力、财力支持的县级及以下基层图书馆而言，建立有效的人才激励机制仍有许多困难。

5.2.3 激励形式单一

图书馆对馆员的激励方式主要有物质激励与精神激励两类。在物质激励方面，经费、资源投入的不足导致对馆员的物质激励力度小，影响馆员的工作积极性。在精神激励方面，图书馆主要通过员工培训、工作表彰等形式开展，但由于缺乏相对完整的激励体系，激励方式也缺乏多样性，导致激励效果不明显。总体上看，公共图书馆应当从物质与精神两方面创新激励方式，完善馆员激励机制，加大物质激励力度，提升馆员职业认同感，从而提高馆员的工作积极性与图书馆的服务效能。

5.3 我国公共图书馆人才队伍发展机制改革创新的重点案例

人力资源保障机制是公共图书馆服务体系建设的关键所在，也是人才队伍激励改革的重要内容。以广州市为例，广州市公共图书馆体系中普遍存在着人员缺口大、专业性不足、继续教育积极性不足等问题，在事业单位推行聘用制的大趋势下，广州图书馆研究团队结合人力资源建设标准，总结了适合广州市公共图书馆人力资源建设的八条路径，从多方面激励馆员以提升服务效能。首先，公共图书馆应当完善馆员激励制度，一是可以临聘人员（用工单位临聘）配合事业编制人员开展图书馆日常工作，建设图书馆核心队伍；二是可按政府购买服务性岗位的方式，提升图书馆服务专业性，保障核心队伍建设和发展，即利用用工单位临聘制、政府购买岗位机制的优势，强化馆员间的竞争，从而激励馆员自觉提升自身的服务能力和服务水平。其次，为提升馆员业务能力和科研能力，公共图书馆应建立人才发展激励机制，应借助外部力量进行工作人员培训，如岗前业务培训和继续教育培训；同时，推进继续教育专业化、系统化、主题化、长期化、广泛化，以满足人才队伍建设需要。此外，公共图书馆还应设置人才评价激励机制，探索以地方图书馆学会和公共图书馆为主导、以专业教育和继续教育为主线的职业资格制度，通过对图书馆工作者的专业水平进行评价，引导馆员专业技能提升。

实践方面，广州市黄埔区图书馆、天河区图书馆、越秀区图书馆、南沙区图书馆等馆都进行了人力资源配置实践，为公共图书馆人力资源保障机制建设提供了宝贵经验。例如：黄埔区图书馆通过编制人员、临聘人员和购买服务人员三种用工模式进行人力资源配置；通过约定购买服务合同内容、按需招聘、择优竞岗、岗前培训、在岗培训以及配套的评估、激励制度，有效缓解了图书馆人手短缺的问题，节约了图书馆资源，减轻了政府压力，人才队伍建设不断优化。此外，南沙区图书馆的人力资源建设也较有代表性：为缓解极度紧张的人员不足状况，该馆采取政府购买服务的方式将整体服务外包，使得南沙区图书馆各项业务都具有了一定的人力资源配备，能保证相关工作的展开。

近年来公共图书馆实行的“项目制”管理模式也是一种较为新颖的建馆模式，在馆员绩效激励方面具备一定的优势。以佛山市图书馆为例，该馆于2011年开始推行“项目立馆”的管理模式，建立了联合绩效管理制度，将一定时期内的图书馆工作目标拆分为多个子项目，要求相关职能部门或项目的负责人在规定时间和资源范围内达到预期工作目标。职能部门或项目的负责人再将任务分配给个人，根据个人的工作成效在工作的不同周期对其进行评价，并在项目完成之后对员工的个人成绩进行最终评价[①]。

5.4 我国公共图书馆人才队伍发展机制改革创新的成就与经验

5.4.1 重视馆员能力提升与发展

“馆员的培训是图书馆人力资源开发的主要手段，也是图书馆人才队伍不断获得新知识的源泉”[②]。近年来公共图书馆事业发展迅速，新业务、新机制、新服务不断涌现。为了加深公共图书馆馆员对图书馆业务、服务的认识与了解，提升图书馆人才队伍的专业性，改善馆员职业前景，帮助其实现自我价值，许多公共图书馆都开始对馆员进行科学、系统的培训。

此外，为了促进区域协调发展，更好地实现省级图书馆在全省公共图书馆业务工作中的指导协调职能，不少省级图书馆学会等行业组织联合有条件的公共图书馆，面向区域内图书馆相关从业人员举办各类继续教育课程。以广州市图书馆学会为例，其继续教育内容分为面授培训、网络培训、高级研修班，并将所有培训课件上传到官网，方便广大图书馆从业人员获取学习[③]。

① 张妍妍.项目化管理模式下的馆员绩效考核——以佛山市图书馆为例[J].图书馆论坛，2017(10):105-113.

② 段长云.对公共图书馆人力资源管理模式的思考[J].图书馆,2004(2):45-47,64.

③ 广州市图书馆学会.继续教育[EB/OL].[2020-06-22].http://www.gzlib.org.cn/society-mspxtz/index.jhtml.

5.4.2 改革基层人才评审制度

基层图书馆人才队伍建设，乃至整个基层人才队伍的绩效评估与激励都是基层图书馆事业建设与发展的重难点之一。2018 年山东省下发《山东省人力资源和社会保障厅关于印发推进乡村人才振兴若干措施的通知》，创新性地建立了“定向评价、定向使用”的基层高级专业技术职称评审管理制度，全面下放基层高级职称评审权，各市因地制宜制定本地区职称制度，基层职称系列均可设置到正高级，乡镇基层职称评审设单独标准，单独评审，基层职称证书还可换发与全省统一的职称证书[①]。例如，在山东淄博乡镇工作满 10、20、30 年的基层工作人员，可直接申报中级、副高、正高职称。2019 年重庆市就乡村人才振兴提出职称评审制度改动的若干举措，其中也包括“开展职业农民职称评定试点，探索新型职业农民资格认证制度”，建立乡村各类人才评价认定之间的衔接，在一定情况下允许职称评审不对外语、计算机、论文和继续教育作要求，突出实践能力、工作业绩、服务年限等指标权重，此外更提出对于市和区（县）所属单位选派到基层任职的人员，保留原单位待遇，“在基层工作经历和业绩可作为晋职、晋级、评聘和晋升专业技术职务的重要依据”[②]。

5.4.3 创新员工激励机制

近年来，公共图书馆行业不断完善人才队伍绩效激励机制与模式，绩效评估的类型逐渐丰富，馆员的科研工作水平得到重视，有力地促进了馆员专

① 山东省人力资源和社会保障厅关于印发推进乡村人才振兴若干措施的通知［EB/OL］.（2018-08-23）［2020-07-27］.http://www.dtdjzx.gov.cn/staticPage/zcfg/sdzcwj/20180823/2466793.html.

② 政策解读|推进全市乡村人才振兴若干措施［EB/OL］.（2019-04-21）［2022-07-27］.https://www.pig66.com/2019/145_0421/17863867.html.

业水平的全面提升。以佛山市图书馆为例，联合绩效评估模式有力提升了馆员的竞争意识与工作积极性。2011—2015年，佛山市图书馆共立项339个，144名馆员平均每人每年参与项目8.5个。其中，项目负责人357人次，项目发明人68人次，主要成员2361人次，一般人员2415人次，参与成员950人次。2015年，有15名馆员参加了超过30个项目团队，其中3位优秀馆员当年参加的项目超过50个[①]。

5.5 我国公共图书馆人才队伍发展机制改革创新的问题与症结

5.5.1 图书馆人才体制机制僵化

图书馆人才队伍建设，面临专业人才缺乏、人员结构不合理、人才成长空间有限等严峻形势。此外，由于相关政策落实不到位，图书馆人才激励不足，存在考核形式化、权责不对等、薪酬福利和培训机会等综合待遇水平较低等问题。图书馆人才体制机制的僵化使得专业人才匮乏、流失严重。以安徽省基层图书馆为例，安徽省基层文化服务人员普遍年龄偏大、专业知识匮乏……全省基层文化人才数量远不能满足要求，且绝大多数从事基层文化工作的人员都不是专职人员，主要精力也不在文化工作上，人员队伍极不稳定[②]。职业认同感的缺乏影响了广大文化行业人才主观能动性的发挥，影响了图书馆的公共文化服务质量。

为了推动公共文化服务的发展和完善，激发文化人才投身公共文化事业

① 苟欢迎，谷秀洁，杨玉麟，等．公共文化事业单位管理绩效的提升方法——以佛山市图书馆项目化管理实践为例［J］.图书馆论坛，2017（2）:56-61.

② 安徽省政协委员王建涛：补齐基层文化人才短板 践行文化建设职责［EB/OL］.（2020-01-14）［2020-06-26］.http://ah.ifeng.com/a/20200114/8061950_0.shtml.

的动力与活力，有必要因地制宜创新图书馆岗位设置制度和人才职称评审制度，扩大人才招录范围，吸引更多有志者投身公共文化事业；以服务效能为导向，灵活调整学历、外语与计算机水平等评估指标，突出实践能力、工作业绩、服务年限等指标权重，为各类人才拓宽职业上升渠道，不断发挥职称导向和政策激励作用，以切实的岗位待遇、合理的职称评审、科学的绩效评估提升文化人才的职业认同感与行业自豪感，从而促进工作积极性、主动性和创造性，为人民群众提供更高效、优质的公共文化服务。

5.5.2 馆员数量不足、动力欠缺

现行图书馆人才激励和绩效考核机制的欠缺，使得员工的努力程度和贡献大小无法合理体现，员工职位升迁受限，薪资水平提升缓慢，从而使得其积极性和创造性下降。此外，较低的薪资待遇也使得图书馆员工流失严重，专业人才缺乏。以广州市为例，截至 2017 年，广州市的市、区两级图书馆人员编制数的 64% 集中在两个市级图书馆，11 个区级图书馆的人员编制数不到总数的四成。区级馆编制人员存在“双肩挑”现状，职称结构不合理；员工中具备图情档学科背景的人员少，专业性明显不足。

薪资待遇、工作环境的限制使得图书馆馆员数量不足，发展动力欠缺。公共图书馆有必要提高馆员待遇，优化工作环境，扩大馆舍面积，增加馆藏数量，完善设备设施，建立健全馆员岗位升迁制度，提高员工工作动力，吸引专业人才流入。

5.5.3 图书馆员专业能力欠缺

公共图书馆人才现状与需求不匹配，专业型、应用型、创新型人才缺乏，人员编制少、编制员额不满、临聘人员稳定性较差，人才存量中员工服务意

识薄弱，积极性、主动性不强。这一现象在基层体现得更为明显，基层图书馆馆员的学历层次较低且缺乏专业背景。以陕西省为例，目前陕西省近35%的基层公共图书馆在编人员、43%的临聘人员没有本科及以上学历；全省43%的基层公共图书馆在编人员没有图书馆学及相关专业背景①；人员素质欠佳，导致全省联合编目、总分馆制建设等专项工作难以推进。

在这样的背景下，对图书馆员尤其是基层图书馆员进行职业培训与继续教育显得至关重要。一方面，这是提升馆员服务水平和专业素质的有效方式；另一方面，这也是提升馆员职业认同感的重要途径。面对图书馆资源、人才欠缺的局面，总分馆体制下的总馆、区域内大型公共图书馆应当为基层图书馆人才培训与教育提供资源与人才的支持。

5.5.4 图书馆人才发展空间不足

公共图书馆人才发展空间有限，员工个人成长与图书馆事业发展脱节导致部分优秀人才流失，员工潜能得不到有效发挥。以陕西省为例，2010—2018年间，除上级机关下派、乡镇调入等方式外，在公共图书馆晋升机制下的晋升人次仅占总晋升人次的33%②。晋升机制的制约使得公共文化人才很难得到发展机会，工作积极性不足。

①② 万行明，邓辉.中西部地区基层公共图书馆人员保障机制探究——以陕西省102家县级公共图书馆为例[J].图书馆建设，2020(2):104-110.

6 法人治理结构的改革创新现状与重点案例分析

6.1 我国公共图书馆法人治理结构改革的回顾

我国公共图书馆的法人治理结构改革依托于我国事业单位分类改革。2007 年，随着国家推进事业单位分类改革，公共图书馆也被纳入事业单位分类改革试点工作范围内。在山西、上海、浙江、广东、重庆等五个事业单位分类改革试点省（市），深圳图书馆、广州图书馆、山西省图书馆、重庆图书馆等作为公益文化机构被列入了当地的试点单位，开始了试点前期工作[①]。2008 年党的十七届二中全会通过《关于深化行政管理体制改革的意见》，进一步提出法人治理结构改革问题，明确要求主要从事公益服务的事业单位完善法人治理结构[②]。随后山西、上海、浙江、广东、重庆等五省市的公共图书馆相继开展试点工作，开始了法人治理结构的实践探索。以深圳图书馆、无锡市图书馆、广州图书馆、深圳市宝安区图书馆、成都市成华区图书馆等一批公共图书馆为代表的先行者，率先起步探索公共图书馆法人治理结构改

① 肖容梅.我国公共图书馆法人治理结构建设现状与分析[J].国家图书馆学刊,2014(3):22-28.

② 关于深化行政管理体制改革的意见[EB/OL].(2008-03-04)[2020-08-02].http://www.gov.cn/jrzg/2008-03/04/content_909225.htm.

革[①]。

2011年中共中央、国务院下发《关于分类推进事业单位改革的指导意见》，以及包括《关于建立和完善事业单位法人治理结构的意见》在内的有关分类推进事业单位改革的9个配套文件。《关于分类推进事业单位改革的指导意见》明确指出要推进从事公益服务事业的单位改革，建立健全法人治理结构；面向社会提供公益服务的事业单位要探索建立理事会、董事会、管委会等多种形式的治理结构，健全决策、执行和监督机制，提高运行效率，确保公益目标实现[②]。《关于建立和完善事业单位法人治理结构的意见》则就建立和完善事业单位法人治理结构提出具体意见，明确理事会作为事业单位的决策和监督机构，依照法律法规、国家有关政策和本单位章程开展工作，接受政府监管和社会监督，并且界定了理事会、管理层和主管部门之间的职能分工。该意见还提出山西、上海、浙江、广东、重庆等先行试点的省（直辖市）要加大试点范围和力度。其他省（自治区、直辖市）可先选择部分事业单位作为试点[③]。

在此背景下，先行试点的公共图书馆陆续着手筹备成立理事会，如广州图书馆（于2012年成立理事会）、温州市图书馆（于2014年成立理事会）、上海图书馆（于2014年成立理事会）、广东省立中山图书馆（于2014年成立理事会）[④]。

2013年党的十八届三中全会通过《关于全面深化改革若干重大问题的决定》，"推进公共图书馆……建理事会，吸纳有关方面代表、专业人士、各界

① 曾茹.新时代公共图书馆法人治理结构实践路径探究——基于省级公共图书馆改革试点的思考[J].图书馆工作与研究，2018(S1):60-66.

② 中共中央国务院关于分类推进事业单位改革指导意见[EB/OL].(2011-03-23)[2021-08-08].http://www.gov.cn/gongbao/content/2012/content_2121699.htm.

③ 关于建立和完善事业单位法人治理结构的意见[EB/OL].(2020-12-31)[2021-08-14].http://gxt.shaanxi.gov.cn/qysglgzdt/62368.

④ 杨嘉骆.中美公共图书馆理事会制度比较研究——以中美各5家公共图书馆理事会为例[J].图书馆，2019(8):71-76.

群众参与管理”被列为文化体制改革的重点改革任务之一，公共图书馆法人治理结构改革进入全面试点阶段[①]。文化部印发的《2014年文化系统体制改革工作要点》的重点任务之一是分类推进文化事业单位改革，推动文化馆、图书馆、博物馆、美术馆等组建理事会试点工作[②]。同年，文化部在全国遴选了10个国家级公共文化机构法人治理试点单位，其中公共图书馆试点7个，包括南京图书馆、浙江图书馆、重庆图书馆、河北省唐山市丰南区图书馆、浙江省温州市图书馆、山西省朔州市图书馆和广东省深圳市福田区图书馆，涵盖了东、中、西不同地域、不同层级、不同类别的公共图书馆，并按照两年的时间周期安排进行实践摸索。随着文化部开展公共文化机构法人治理试点工作的开展，全国各地党政部门也开始逐渐重视公共图书馆法人治理，地方各级公共图书馆法人治理改革试点也在快速推进[③]。公共图书馆法人治理和理事会建设进入以文化行政部门为主体大力推进的新阶段[④]。

2015年中共中央办公厅、国务院办公厅印发《关于加快构建现代公共文化服务体系的意见》，明确要加大公益性文化事业单位改革力度，建立事业单位法人治理结构，推动公共图书馆、博物馆、文化馆、科技馆等组建理事会，吸纳有关方面代表、专业人士、各界群众参与管理，健全决策、执行和监督机制[⑤]。

2017年出台的《中华人民共和国公共文化服务保障法》第二十四条明确

---

① 中共中央关于全面深化改革若干重大问题的决定[EB/OL].(2013-11-15)[2020-08-14]. http://www.gov.cn/jrzg/2013-11/15/content_2528179.htm.

② 关于贯彻落实《2014年文化系统体制改革工作要点》及其《分工实施方案》的通知[EB/OL].(2014-04-04)[2020-08-14]. http://www.reformdata.org/2014/0404/23195.shtml.

③ 曾茹.新时代公共图书馆法人治理结构实践路径探究——基于省级公共图书馆改革试点的思考[J].图书馆工作与研究,2018(S1):60-66.

④ 肖容梅.我国公共图书馆法人治理结构建设现状与分析[J].国家图书馆学刊,2014(3):22-28.

⑤ 中共中央办公厅、国务院办公厅印发《关于加快构建现代公共文化服务体系的意见》[EB/OL].(2015-01-14)[2020-08-14]. http://www.gov.cn/xinwen/2015-01/14/content_2804250.htm.

规定“国家推动公共图书馆、博物馆、文化馆等公共文化设施管理单位根据其功能定位建立健全法人治理结构，吸收有关方面代表、专业人士和公众参与管理”。同年，中宣部、文化部等7部门联合印发《关于深入推进公共文化机构法人治理结构改革的实施方案》，公共文化机构法人治理结构改革有了实施蓝图和行动指南，公共图书馆法人治理结构改革也得以向纵深推进。该方案对建立以理事会为主要形式的法人治理结构、明确相关方职责、制定机构章程、规范管理运行、加强党的建设这五方面内容提出具体要求；方案还提出2017—2018年是法人治理结构改革的试点阶段，2019—2020年是法人治理结构改革的深入实施阶段，推动在市（地）级以上规模较大公共图书馆建立以理事会为主要形式的法人治理结构。方案明确，到2020年底，全国市（地）级以上规模较大、面向社会提供公益服务的公共图书馆、博物馆、文化馆、科技馆、美术馆等公共文化机构，基本建立以理事会为主要形式的法人治理结构，决策、执行和监督机制进一步健全，相关方权责更加明晰，运转更加顺畅，活力不断增强，人民群众对公共文化的获得感明显提升[①]。

截至2016年12月，全国共有129家公共图书馆成立理事会，其中省级公共图书馆11家，市级公共图书馆75家，县级公共图书馆43家。全国共有28个省（自治区、直辖市）成立了公共图书馆理事会，浙江、广东、山东和内蒙古列前三甲，共计71家，占统计总数的55%。其中，浙江省有32家公共图书馆成立了理事会，数量遥遥领先，理事会制度正逐步覆盖该省范围内的各县级图书馆[②]。

---

① 中宣部文化部等7部门联合印发《关于深入推进公共文化机构法人治理结构改革的实施方案》[EB/OL].(2017-09-09)[2020-08-14]. http://www.gov.cn/xinwen/2017-09/09/content_5223816.htm.

② 易红，王宁远.公共图书馆法人治理结构现状调查与分析[J].图书馆研究与工作，2018(1):75-80;霍瑞娟.公共图书馆法人治理结构现状调研及思考[J].中国图书馆学报，2016(4):117-127.

6.2　我国公共图书馆法人治理结构改革的主要特点

6.2.1　与国家治理现代化的重要任务紧密相关

我国公共图书馆法人治理结构的建设符合我国正在进行的事业单位改革基本方向——政事分开、管办分离以及国家治理现代化的需求，因而受到了国家层面的重视和相关改革政策的大力推动。具体体现在，自党的十八大以来，政府高度关注公共文化机构机制改革和公共文化服务体系的构建，并相继出台了多部相关政策。公共图书馆法人治理结构的改革进程，正在一系列政策法规的指导下向着不断细化、深化的方向发展。

公共图书馆建立法人治理结构能吸引社会力量参与公共图书馆的决策，从制度上保障人民当家作主。按照相关文件的精神，公共文化机构建立法人治理结构的根本目的，是提高服务效能、提升服务质量、实现公益目标。法人治理结构的建立，要按照社会治理现代化的要求，引入社会力量参与，形成多元治理结构，以提高公共文化机构自身发展能力、促进公共文化事业发展为目标。

6.2.2　法人治理作为图书馆社会化的重要手段

“十三五”时期，随着法人治理结构改革推进，全国已有超过 129 家公共图书馆建立起以理事会为标志的法人治理结构，成功地迈出了公共图书馆“去行政化”改革的第一步，在破除体制机制障碍、推进“政事分开”和“管办分离”、建立监督机制等方面取得了积极的经验与成果，但仍存在区域发展不平衡、突破式创新能力发展受限、社会投入力量不足、对理事会决策支持力量不足等诸多问题①。

政府出台的《关于加快构建现代公共文化服务体系的意见》《中华人民共和国公共文化服务保障法》《中华人民共和国公共图书馆法》等一系列法律或政策，均强调要激发各类社会主体参与公共文化服务的积极性。《关于深入推进公共文化机构法人治理结构改革的实施方案》中还明确了加强民主管理和社会参与的配套措施，要“完善吸引社会力量参与公共文化机构法人治理结构建设相关政策，鼓励有关方面代表、专业人士、各界群众按章程规定进入理事会”②。这些政策将有力推动图书馆通过建立法人治理结构，让社会公众充分参与图书馆管理。

6.3 我国公共图书馆法人治理结构改革的重点案例

6.3.1 广东省立中山图书馆

2014 年 2 月，根据《广东省文化厅 2014 年深化文化改革发展重点任务分工方案》要求，广东省立中山图书馆成为广东省文化厅事业单位理事会工作试点单位，随后便成立了理事会组建筹备小组，制定工作方案，选举产生了职工代表和理事会理事，并于 12 月底顺利召开第一届理事会成立大会暨第一

① 冯佳，王珊珊.我国公共图书馆法人治理结构的试点实践研究[J].中国图书馆学报，2018(4):40-53.

② 中宣部 文化部等7部门联合印发《关于深入推进公共文化机构法人治理结构改革的实施方案》[EB/OL].(2017-09-09)[2020-08-14].http://www.gov.cn/xinwen/2017-09/09/content_5223816.htm.

次会议。8 年以来，广东省立中山图书馆克服各种困难，积极开拓创新，结合工作实际建立了组织架构清晰、管理制度规范的理事会，起到了示范性的作用[①]。其主要做法包括以下几方面。

（1）建立规范的管理制度

2014 年，广东省立中山图书馆第一届理事会表决通过了《广东省立中山图书馆章程》（以下简称为《章程》），规定了法人治理结构中理事会、管理层和党的领导之间的关系，明晰了各责任主体的权责。《章程》明确规定，理事会由 13 名理事组成，理事分别采用委任制和选任制产生，由举办单位履行任免程序。理事会成员中，举办单位和政府有关部门代表 4 名；社会公众代表 5 名，包括专家代表、读者代表，面向社会公开招募；馆内代表 4 名，其中图书馆党组织负责人、行政负责人为当然理事，其余由图书馆内部推选产生。理事会还设独立监事一名，对理事会决策、本馆的财务状况及日常管理情况等进行监督。2020 年 6 月 9 日，广东省立中山图书馆第二届理事会还修订并表决通过了新的《章程》[②]。

（2）设立咨询委员会

2019 年，广东省立中山图书馆第一届理事会第六次会议审议通过了《广东省立中山图书馆理事会咨询委员会管理办法》，决定组建读者服务咨询委员会和资源建设咨询委员会，为理事会决策提供咨询建议。读者服务咨询委员会的主要任务是在创新图书馆服务方式、搭建读者沟通互动桥梁、组织优质读者活动、提高服务水平等方面提升图书馆读者服务能力和水平，为理事会决策提供专业意见和建议；资源建设咨询委员会则是围绕广东省总书库和广东省古籍保护中心资源建设的核心目标，对图书馆资源建设、采购，尤其是单一来源采购工作提出合理化建议和专业论证。理事会任命的两个咨询委员

① 安徽省编办调研组到我馆开展调研工作[EB/OL].（2015-05-19）[2020-07-28]. https://www.zslib.com.cn/templetpage/detail.aspx?dbid=2&id=1811.

② 广东省立中山图书馆章程[EB/OL].[2020-07-28]. https://www.zslib.com.cn/jingtaiyemian/zwgk/bgzc.html.

会主任委员均为其他图书馆的馆长，有丰富的从业经验，由行业专家和资深读者组成的咨询委员会也可以为优化图书馆服务提出专业化的建议[①]。2020年6月9日召开的广东省立中山图书馆第二届理事会在修订新的章程时，对咨询委员会的职能进一步规范[②]。

总体而言，广东省立中山图书馆的法人治理结构建设工作起步较早，走在全国前列，为其他开展法人治理结构建设工作的省级图书馆提供了宝贵经验。

6.3.2 佛山市图书馆

佛山市图书馆在图书馆事务治理中充分吸纳社会力量，形成了公众参与的多元治理结构，理事会享有充分的事务决策权，推进了图书馆现代化治理，形成了广泛影响。佛山市图书馆的改革做法主要有以下几点。

（1）充分吸纳社会各方代表，成立决策型理事会

佛山市图书馆理事会由15名理事组成，设理事长1名、副理事长4名，无政府方代表参加，理事长也由社会代表担任，充分吸纳社会各方面的公众代表。理事会的职能定位是决策型理事会，理事会根据《佛山市图书馆章程》行使职权，对图书馆重大事项进行决策和监督，还组建了监事会，形成了较为完整的法人治理结构。除此以外，佛山市图书馆还让渡给理事会五项权力：业务绩效考核权、班子任免建议权、中层干部竞聘方案审议权、业务经费预算审核权、建设发展规划权，保障了理事会决策所需的相应权力。

（2）成立临时党支部，增强党对图书馆的领导地位

① 广东省立中山图书馆理事会咨询委员会成立暨第一次会议召开［EB/OL］.（2019-09-11）［2020-07-28］. http://www.nlc.cn/newtsgj/yjdt/2019n/9y/201909/t20190912_181808.htm.

② 广东省立中山图书馆第一届理事会召开第六次会议［EB/OL］.（2019-05-20）［2020-07-28］. http://www.nlc.cn/newtsgj/yjdt/2019n/5y/201905/t20190524_178780.htm.

2017年佛山市提出建立“党建引领、文群共建”的公共文化服务机制①，因此佛山市图书馆在建立法人治理结构的时候，也充分考虑了理事会与党的关系。为了贯彻落实党的十九大精神，佛山市图书馆在理事会中成立临时党支部，对于“三重一大”事项，理事会作出决定前，应征得理事会临时党支部同意。

（3）设立专业委员会，提高决策专业性

佛山图书馆理事会成员下设专门委员会，委员会主任由理事兼任或由理事会聘任。专业委员会为理事会决策提供专业知识的支持和咨询服务，为图书馆业务或理事会决策提出建议，向理事会提交正式的书面报告。在专业委员会指导下，佛山市图书馆理事会可以作出更科学、更专业的决策，以推动图书馆业务进行改革创新。

6.4 我国公共图书馆法人治理结构改革的成就与经验

自2008年党的十七届二中全会通过《关于深化行政管理体制改革的意见》以来，各地的公共图书馆大胆探索，积极实践，在法人治理结构改革方面取得了积极的进展。

6.4.1 基本建立以理事会为主要形式的法人治理结构

成立理事会是图书馆实行法人治理的标志。全国公共图书馆在组建理事会的过程中积累了一些经验，形成了一些各具特色的理事会制度。

① 刘连生.法人治理结构改革：佛山市图书馆插上现代管理翅膀［J］.图书馆论坛，2018（10）：25-26.

第一种以深圳图书馆为代表。其理事会的职能以议事和决策为主，图书馆在不改变人事、财政管理制度的前提下，明确界定了政府行政部门、理事会和图书馆管理层的事权，让图书馆理事会和管理层拥有更多的业务决策权。部分地方政府相关部门主动下放部分人事管理权和财政管理权，图书馆事务交由理事会进行科学自主决策，政府只对理事会和管理层的工作进行监督，而不是直接加以干预。

第二种做法是在前一种的基础上，增添监督职能。这种理事会制度主要以深圳福田区图书馆为代表，其拥有更具广泛代表性的理事会成员，并在理事会外独立成立了监事会，或在理事会内部设立相关职位进行内部监督，对理事会的情况进行全面监督，并强调理事会担负着图书馆监督职能①。

第三种做法是建立咨询型理事会。这种理事会制度以无锡市图书馆为代表，理事会主要作为图书馆的议事协调和咨询机构②。

6.4.2 搭建决策、执行、监督分权制衡的初步架构

在图书馆治理机制改革的过程中，许多图书馆通过建立决策层、执行层、监督层相分离的法人治理结构，实现各方利益的均衡，完成内部权力的合理配置，从而实现权力的制约，建立起完善的图书馆治理机制。

图书馆理事会作为决策层，行使图书馆重大事项决策权。图书馆吸纳社会多方面人士成为理事，组成由政府部门代表、图书馆自身代表、社会人士代表共同构成的理事会，代表三方的利益。图书馆管理层是由图书馆行政负责人及其他主要管理人员组成的执行层，负责理事会决策的执行和图书馆的日常管理工作。政府、监事会、社会公众组成的监督层负责对决策层和管理

---

① 冯佳，王珊珊．我国公共图书馆法人治理结构的试点实践研究［J］．中国图书馆学报，2018（4）：40-53.

② 霍瑞娟．公共图书馆法人治理结构现状调研及思考［J］．中国图书馆学报，2016（4）：117-127.

层的工作进行监督。政府可以利用委派理事、行使馆长提名权、定期财务审计等权力来对图书馆进行监督管理。部分图书馆单独设置监事会或者在理事会中设有监事理事，以此实现对决策层和管理层的有效而全面的监督。社会公众可以利用图书馆年报等公开的信息实施监督。

6.4.3 积极吸纳社会人士参与治理

最新调查显示，法人治理的多元共治模式在理事会中逐渐呈现政府代表逐渐减少、社会公众代表逐渐增多的趋势。部分图书馆，如佛山市图书馆，其理事会成员中甚至没有政府相关部门的代表。

部分图书馆还通过举办理事接待日、成立图书馆基金会、对理事给予荣誉表彰等方式，激励理事会中的社会代表积极参与图书馆治理。例如，温州市图书馆理事会推出理事接待日活动，每到接待日，便由理事轮流接待读者，在与读者的直接交流中收集读者建议并反馈给管理层。理事会还合作发起成立“温州市图书馆发展基金会”，并主动承担基金会日常运作的责任，探索利用社会资本发展图书馆事业[①]。广东省内的部分图书馆建立了理事荣誉表彰制度，每年对履职优秀的理事给予荣誉表彰。

6.5 我国公共图书馆法人治理结构改革的问题与症结

虽然我国公共图书馆法人治理结构改革取得了不小进步，但由于传统理念以及当前体制机制的制约，公共图书馆理事会制度的建设发展仍面临不少

① 曹雪梅.试水破冰　砥砺前行——温州市图书馆法人治理改革探索实践[J].图书馆研究与工作,2018(12):9-11,18.

亟待解决的问题，还未能取得业界广泛认同的实质性成效[①]。

6.5.1 理事会决策的专业支撑体系尚未建立

理事会是图书馆的决策机构，图书馆法人治理结构能否实现“良好治理”（Good Governance）的目标，取决于理事会的决策质量[②]。我国多数公共图书馆的理事会成员组成中政府部门代表和图书馆自身代表占少数，社会各界代表占多数[③]。外部理事对图书馆的事务了解有限，许多图书馆也没有建立针对新任外部理事的培训机制，没有开展理事的履职培训，导致外部理事在缺乏相关专业知识和经验的情况下，对专业性和技术性较强的事务很难做出科学有效的决策。国际上成熟的经验是建立理事会决策的专业支撑体系，即理事会下设置若干专门委员会，负责就某些专门事项进行前期审议，为理事会决策提供参考咨询意见[④]。而我国目前只有少数公共图书馆成立了专业咨询委员会，并由相关领域的专家担任咨询顾问。

6.5.2 人事和财务等关联制度改革尚未落实

由于历史原因，我国长期以来形成了政事不分、管办不分的管理制度，政府在公共图书馆的管理制度、人事制度、财务制度等方面进行的相应改革不到位，理事会没有掌握真正有效的决策权，导致法人治理结构改革难以突

① 冯佳，王珊珊．我国公共图书馆法人治理结构的试点实践研究［J］．中国图书馆学报，2018（4）：40-53.

② 蒋永福．公共图书馆治理结构及其优化策略——针对我国公共图书馆管理体制改革重点的分析［J］．图书与情报，2010（5）：18-22.

③ 肖容梅．我国公共图书馆法人治理结构建设现状与分析［J］．国家图书馆学刊，2014（3）：22-28.

④ 李国新．公共图书馆法人治理：结构•现状•问题•前瞻［J］．图书与情报，2014（2）：1-6，9.

破，理事会组建与运行流于形式[①]。例如，理事会对财务预决算的决策权仍然受到行政主管部门限制，图书馆管理层在执行理事会的决议、独立自主履行财务资产管理方面也有较大阻碍。诸如此类的体制机制障碍导致理事会在行使权利时不能完全按照章程决策，而采用了“退而求其次”的方法[②]。

6.5.3 体制外人员的参与程度仍有待提升

公共图书馆建立法人治理结构的初衷是为了在决策和监督的过程中充分吸收公众意见，形成多元共治的治理结构。《中共中央关于全面深化改革若干重大问题的决定》《中华人民共和国公共图书馆法》等均指出，在理事会的构建中，要吸纳有关方面代表、专业人士、各界群众参与管理。但受传统影响，我国公众对理事会和社会治理缺乏了解，参与社会治理工作的愿望不太强烈[③]，使得图书馆理事会成员中来自政府和图书馆内部的成员占比较大。

《关于深入推进公共文化机构法人治理结构改革的实施方案》指出要加强民主管理和社会参与，通过荣誉激励、评价考核等，充分唤醒理事履职的热情。然而，目前针对社会公众参与图书馆治理的激励机制建设尚不完善，理事履职积极性不高，其原因在于图书馆理事是不发放薪酬的荣誉岗位，其工作性质与志愿者类似，却需要承担更多的社会责任，并按照决策零失误的标准来要求[④]。通过对广东省内已建立起法人治理结构的图书馆的现状调查显示，绝大部分理事的履职时间不足，主要通过参加理事会会议对图书馆建言献策。

---

① 易红，王宁远.公共图书馆法人治理结构现状调查与分析[J].图书馆研究与工作，2018(1):75-80.

② 陈顺忠，黄一文，舒睿.国内公共文化机构法人治理工作现状研究——重点基于公共图书馆的调查[J].图书馆杂志，2016(11):14-20.

③ 肖容梅.我国公共图书馆法人治理结构建设现状与分析[J].国家图书馆学刊，2014(3):22-28.

④ 陈顺忠，黄一文，舒睿.国内公共文化机构法人治理工作现状研究——重点基于公共图书馆的调查[J].图书馆杂志，2016(11):14-20.

在广东省内已成立理事会的 71 个公共图书馆中，24% 的图书馆每年仅召开 1 次理事会会议，还有 10% 的图书馆每年召开的理事会会议少于 1 次[①]。由于图书馆理事人选多为社会各界中影响力较大的公众人物，其本职工作已十分繁忙，能够抽空参加理事会会议实属不易，且理事履职没有工作报酬或其他社会荣誉的激励，导致理事容易出现滥用权力或者懒于参与理事会事务的情况。尽管当下这种消极情况在图书馆理事会中尚未普遍出现，或者形成较大的负面影响，但是随着时间推移，这些问题很有可能会逐渐显现[②]。

---

① 徐玉兰,伍德嫦,陈嘉敏. 广东公共图书馆法人治理结构改革调查[J]. 图书馆论坛，2020(8):138-145.

② 徐玉兰."责权利"理论视角下的公共图书馆理事会理事管理机制探索[J].图书馆建设，2017(12):51-55.

7 总分馆制的改革创新现状与重点案例分析

7.1 我国公共图书馆总分馆制改革的回顾

完善的公共图书馆服务体系是实现图书馆资源、服务全覆盖，满足人民群众多样化、多层次的精神需求的必要条件，基于对公共图书馆服务体系重要性的认识，我国开始探索构建这一体系的路径，其中公共图书馆总分馆制改革是重要一环。我国公共图书馆总分馆制建设可以追溯到 2000 年“上海市中心图书馆”工程的实践，其建设内容包括：以上海图书馆为总馆，以市内的区（县）图书馆、高校图书馆等为分馆，总分馆间通借通还[①]。这一模式被认为是我国公共图书馆总分馆制的雏形。2003 年，佛山禅城区联合图书馆率先开始总分馆制建设，第一家分馆挂牌成立[②]。上海、佛山、深圳、北京、广州、杭州、苏州、嘉兴等地走在总分馆制改革的前列。2006 年，中共中央办公厅、国务院办公厅印发的《国家“十一五”时期文化发展规划纲要》要求“县（市）图书馆逐步实行分馆制”，首次将公共图书馆总分馆制建设写入国

---

① 周萍.我国公共图书馆总分馆建设模式研究[D].南京:南京大学,2015:16.

② 金武刚.公共文化服务体系中的图书馆创新发展研究[J].图书馆,2019(5):1-8.

家文化发展大政方针，为总分馆制在全国的普及推广提供政策支持[①]。自2011年开始的公共文化服务体系示范区（项目）创建工作将总分馆制建设纳入示范区创建标准。在示范区创建的制度设计研究中，图书馆重新审视和优化总分馆的规划和方案，改革总分馆建设制度，并对均等化、专业化服务进行探索与创新，公共图书馆总分馆建设实践得到了极大的推动[②]。公共图书馆总分馆制建设在我国全面兴起，走向繁荣发展的崭新阶段。

目前，公共图书馆总分馆制建设在全国各地得到了普遍的推广和尝试，图书馆总分馆制建设不断创新，呈现出多元化的发展态势[③]，比较典型的有上海模式、苏州模式、东莞模式等。同时，公共图书馆总分馆制建设在制度和法律层面也得到政府有力的支持。近年来国家层面出台的政策和文件，如《关于加快构建现代公共文化服务体系的意见》《关于推进县级文化馆图书馆总分馆制建设的指导意见》，均要求推进以县级文化馆、图书馆为中心的总分馆制建设，建立公共文化服务体系，前者明确了县域图书馆总分馆制建设的关键在于提升服务效能，后者则提出了县域图书馆总分馆制建设的指导思想、基本原则、目标任务和主要措施。这两份文件是我国公共图书馆发展史上首次围绕总分馆制建设而专门下达的中央文件，为县域图书馆总分馆制的发展方向提供了具体政策的指导[④]。2018年颁布的《中华人民共和国公共图书馆法》第三十一条提出，“县级人民政府应当因地制宜建立符合当地特点的以县级公共图书馆为总馆，乡镇（街道）综合文化站、村（社区）图书室等为分馆或者基层服务点的总分馆制，完善数字化、网络化服务体系和配送体系，实现通借通还，促进公共图书馆服务向城乡基层延伸。总馆应当加强对分馆和基

---

① 金武刚，李国新.中国公共图书馆总分馆制建设：起源、现状与未来趋势[J].图书馆杂志，2014(5):4-15.

② 邱冠华.新世纪以来国内公共图书馆总分馆建设回顾与思考[J].中国图书馆学报，2017(4):18-31.

③ 程亚男.关于总分馆建设的几点思考[J].图书与情报，2010(3):1-4，19.

④ 金武刚.论县域图书馆总分馆制建设的十大要点——兼及《关于推进县级文化馆图书馆总分馆制建设的指导意见》解析[J].图书馆建设，2017(5):4-11.

层服务点的业务指导”，从国家立法层面明确了公共图书馆总分馆制的建设主体、管理机制、建设目标和职能分工[①]，为公共图书馆总分馆建设提供了法律保障。

公共图书馆总分馆制建设的执行主体是县级公共图书馆。此外，市政府和市级公共图书馆在推进总分馆体系形成方面也发挥着重要的指导作用。北京、上海、天津、广州、深圳、杭州等地均出台了公共图书馆总分馆体系建设指导意见或实施方案，为域内公共图书馆总分馆制的落实提供具体的政策支持和行动指南。部分城市的市级公共图书馆发挥着城市中心馆的作用，如广州、深圳、嘉兴、杭州等地，但也有部分市级公共图书馆在市区公共图书馆总分馆体系中承担着总馆的职能，如东莞、苏州等地，市总馆负责部署市内公共图书馆总分馆服务体系，引导县级公共图书馆管理和支援基层公共图书馆的工作，同时为县级公共图书馆提供资源和业务上的支持。但对于更大范围内的图书馆服务体系构建，还需要发挥省级公共图书馆在省域内的引领作用。在我国图书馆服务体系中，省级公共图书馆排在第二层级，仅次于国家图书馆，在省域公共文化体系中占据核心地位，通常在馆藏、管理、服务、人才、研究等方面都领先省内其他图书馆，尽管目前国内对省级公共图书馆的职能与定位尚未有全面具体的政策说明，但已有研究普遍认同省级公共图书馆应在省内公共图书馆服务体系建设中发挥宏观指导和统筹协调的作用[②]。

经过近 20 年的发展，我国公共图书馆总分馆制的改革创新实践已在服务均等化、特色化等方面取得了一定成就。比如在省域协调方面，广东流动图书馆将图书配送与现代物流理念结合，构建了图书流动系统，由省馆主导，

① 陈丽纳.《中华人民共和国公共图书馆法》法制框架下的总分馆体系建设研究［J］.图书馆建设,2018(2):29-34.

② 王妍.转型期省级公共图书馆功能定位研究［J］.图书馆建设,2018(6):11-17;王政,毕洪秋.公共图书馆职能与定位的文献研究［J］.图书馆建设,2018(6):4-10;李春海,毕洪秋.转型期省级公共图书馆职能定位研究背景述略［J］.图书馆学研究,2018(13):9-12,8;李臻,彭松林.省级图书馆功能定位调整的多维度探析［J］.图书馆,2019(11):11-17;何光伦,王嘉陵.现代视野下省级图书馆职能演变及定位［J］.中国图书馆学报,2019(2):57-71.

为欠发达地区的县级图书馆提供资源支持和业务指导，有效缓解了公共文化服务区域发展不平衡的问题；在服务均等化方面，上海市嘉定区通过高质量的分馆建设和“我嘉书房”实现图书馆服务“全域覆盖”；在服务特色化方面，杭州图书馆主题分馆为特色分馆建设提供一个成功案例（详见 7.3.3 节）；在图书馆基层服务方面，佛山市南海区低成本高效益的读书驿站有效解决了公共图书馆服务“最后一公里”问题。同时，随着《中华人民共和国公共图书馆法》及有关政策的相继出台，我国公共图书馆的建设日益法治化、规范化，公共图书馆总分馆制的建设将进入政府主导的新阶段。

7.2 我国公共图书馆总分馆制改革的主要特点

7.2.1 总分馆制改革的基本方向

目前全国范围内已普遍推行公共图书馆总分馆制，通过总分馆体系内通借通还、数字资源共享等措施，一定程度上整合了公共图书馆资源，促进了服务均等化。为更好地发挥其作用，我国公共图书馆总分馆制的建设还需要更进一步改革。公共图书馆总分馆制改革的基本方向，是在“一级政府负责一个图书馆”的框架内，以基层为重点，以县级图书馆为中心，由政府主导，以“统筹发展、提高效能、促进均等”为原则，建设一个上下紧密联通、共建共享、服务均等的总分馆体系，克服基层图书馆资源有限、服务能力欠缺等弱点，发挥省级公共图书馆在省域内的综合协调作用，通过统筹整合行政区划内公共文化资源、总馆对分馆实行一体化管理，提升基层公共图书馆的服务能力，让优质的公共文化资源惠及全民，为全面建成小康社会凝心聚力。公共图书馆总分馆制改革的主要着力点在于“公共阅读资源整合、流动服务体系构建、乡村分馆队伍管理、少儿馆总分馆制探索、政府主导制度保障”等方面[①]，通过深化总分馆间的合作，使总分馆体系焕发活力。

7.2.2　总分馆制改革面临的阶段性问题

理想的总分馆体系是一个紧密联通、优质均衡的整体，但现阶段我国公共图书馆总分馆制的建设和这一目标还有一定距离。当前公共图书馆总分馆制改革主要面临以下三个阶段性问题。

（1）总馆与分馆的合作深度不足

总馆与分馆的合作多停留在藏书流通以及较低层次的业务辅导层面，总分馆间联系次数少、合作关系松散[②]。总分馆体系内资源调配效率低，没有完全实现业务统一管理，规模经济收益无法达到预期。导致总分馆合作深度不足的原因大致可以分为两个方面：其一，制度、政策对总分馆职责划分较为模糊，各层级图书馆的权利和义务不够明确，使得总分馆在合作时有较多顾虑；其二，部分县级总馆本身资源和能力有限，无力承担总馆职责，难以形成深度合作关系。

（2）部分分馆建设不可持续

我国公共图书馆总分馆制改革中部分分馆“重建设、轻管理”，在建设后常出现服务能力差、管理不规范、后续保障措施欠缺等问题。我国的公共图书馆总分馆制建设多是由政府主导，常受到地方政府政绩观的影响，加上民众对基本公共文化服务的迫切需求，部分地区仅仅关注分馆的建设速度，忽视了分馆的建设质量，公共图书馆总分馆制建设所需的配套硬件设施、制度

---

① 金武刚，李国新. 中国公共图书馆总分馆制建设：起源、现状与未来趋势［J］. 图书馆杂志，2014（5）：4-15.

② 肖鹏，唐琼，陈深贵，等. 广州区域总分馆制实施路径探索：以基层管理者为中心的研究［J］. 中国图书馆学报，2016（3）：103-115.

规范、人才队伍未配备齐全便急于开始实体图书馆的建设①，导致部分分馆建成后不久便难以为继、名存实亡。

（3）绩效考核制度有待完善

绩效考核制度能促进总分馆建设规范化，衡量总分馆建设的效果。当前关于我国公共图书馆总分馆制建设的绩效考核制度还有待完善和健全，广州、上海等地区已经开始着手建设绩效考核制度。值得关注的是，在部分已设置绩效考核机制的地区出现了考核流于形式、缺乏约束力等问题，尽管制定了详细的考核标准，并进行了年度考核，但由于总分馆间联系松散，总馆对分馆的影响力不足，无法落实有效的惩罚和激励机制，考核没有产生实际作用②。

7.2.3 国内外公共图书馆总分馆制的差别

英、美等国家的公共图书馆总分馆制起步早，目前已较为成熟。我国的公共图书馆总分馆制正一边借鉴国外先进经验，一边结合我国实际探索适合自己的公共图书馆总分馆制建设模式。国外的公共图书馆总分馆模式多种多样，但本书所指的国外公共图书馆总分馆制主要指“完全意义上的总分馆体系”，即“由同一个建设主体资助、同一个主管机构管理的图书馆群，其中一个图书馆处于核心地位作为总馆，其他图书馆处于从属地位作为分馆”③。在这一前提下，国内外公共图书馆总分馆制既有相同之处，也有一定的差别，具体而言，主要体现在以下三个方面。

① 邱冠华.人民的图书馆：公共图书馆向基层延伸的模式研究［J］.图书馆建设，2007（6）：19-24，28.

② 吴理财，刘建.文化治理视野下图书馆总分馆制的路径偏离及影响［J］.图书馆论坛，2018（9）：85-91.

③ 邱冠华，于良芝，许晓霞.覆盖全社会的公共图书馆服务体系：模式、技术支撑与方案［M］.北京：北京图书馆出版社，2008：8.

（1）总分馆间联系紧密的程度不同

国外公共图书馆总分馆间联系紧密程度要高于国内。主要原因是国外公共图书馆总分馆建设主体相同，而国内公共图书馆总分馆建设主体往往并不相同，一级政府投资建设一级公共图书馆。根据《中华人民共和国公共图书馆法》的相关规定，总馆只对分馆有业务指导的义务，体系内统一调配、统一服务等机制并没有真正实现。

（2）社会参与经费筹集的程度不同

国内外公共图书馆总分馆的经费来源均以政府拨款为主，但国外公共图书馆的经费来源较为多样，更多的是来自社会力量的贡献。以纽约公共图书馆为例，其 2019 年的总收入中，约 56% 来自纽约市政府拨款，约 17% 来自图书馆的投资回报，约 13% 来自社会捐赠和图书馆基金投资所得，约 7% 来自州政府和联邦政府[①]。多样的经费筹集渠道大大增加了图书馆的可用资金，为图书馆发展提供坚实的物质基础。纽约公共图书馆重视社会捐赠，将筹款纳入常规工作内容，同时开辟了多种捐赠渠道，通过募捐宣传活动号召群众参与捐赠，培育和运营“图书馆之友”“图书馆律师协会”等组织团体，形成较为稳定的社会支持来源[②]。而我国公共图书馆的绝大部分经费来自政府财政拨款，部分总分馆采用多级政府共同出资的方式，比如东莞市总分馆制建设；另外部分总分馆体系受分级财政制度影响，分馆经费多仅由相应的本级政府提供，总体经费来源较为单一。

（3）总分馆管理集中的程度不同

国际上，多数国家公共图书馆的建设主体与管理机构分离，建设主体多为地方政府，管理机构则是图书馆委员会或图书馆管理局，管理机构负责整个辖

① New York Public Library. Anuual report 2019［R/OL］.［2020-07-13］. https://www.nypl.org/sites/default/files/annual_report_2019_070120_final_1.pdf.

② 韩豫哲，张久珍. 纽约公共图书馆募捐工作机制研究［J］. 图书馆杂志，2020（1）：96-101.

区内的公共图书馆群的宏观管理和规划[①]，为总分馆管理集中创造了条件。例如，美国大部分公共图书馆的管理机构是当地的图书馆委员会，由地方议会或市长任命委员会成员，委员会负责为图书馆筹集资金，并拥有所管理资金的支付权[②]。以洛杉矶公共图书馆总分馆系统为例，当地图书馆委员会管理洛杉矶公共图书馆群，制定有关总分馆建设的宏观规划《洛杉矶公共图书馆分馆基础设施规划》，洛杉矶公共图书馆内设有分馆服务部门（Branch Library Service）负责分馆具体事务[③]。我国公共图书馆总分馆体系中的各级公共图书馆管理主体分别属于对应的本级政府，管理较为分散，图书馆间协调难度较大。

7.2.4 我国公共图书馆总分馆制的建设模式

我国公共图书馆总分馆制建设根据各地实际情况发展出多种模式，除佛山市禅城区等少数地区尝试突破体制障碍实施彻底的总分馆制外，我国大部分地区的总分馆制建设目标是“具有一定的统一管理能力、服务相对规范、联系相对紧密的图书馆共同体”[④]。

对于实践中出现的多种建设模式，目前主要有两种分类思路，一种是邱冠华归纳的五类建设模式，包括自下而上的全委托模式、自下而上的半委托模式、自上而下的半委托模式、自上而下的全委托模式和完全分馆式。其中，“自下而上”指由协议建立的非政府主导的总分馆体系，“自上而下”指政府主导形成的总分馆体系。在“自下而上”的总分馆建设模式中，分馆只将一

① 张娟，倪晓建.我国公共图书馆总分馆体系建设模式分析[J].图书与情报，2011(6)：17-20.

② 刘璇.美国公共图书馆理事会对经费的管理研究——以纽约州图书馆理事会为例[C]//中国图书馆学会.中国图书馆学会年会论文集(2014年卷).北京：国家图书馆出版社，2014：60-66.

③ 刘兰，黄国彬.国外公共图书馆总分馆制典型案例分析及其启示——以洛杉矶公共图书馆总分馆制为例[J].图书馆建设，2010(8)：2-6，13.

④ 邱冠华，于良芝，许晓霞.覆盖全社会的公共图书馆服务体系：模式、技术支撑与方案[M].北京：北京图书馆出版社，2008：54.

定数额的经费委托给总馆的模式属于“半委托”，除经费外，分馆还将一定数额的人员工资委托给总馆的模式属于“全委托”。在“自上而下”的总分馆建设模式中，“半委托”和“全委托”模式均采用将基层公共图书馆建设经费委托给总馆的方式，但产权归属不同。“半委托”模式中产权属于分馆，“全委托”模式中产权则属于总馆①。另一种是金武刚和李国新提出的三类建设模式，包括“多元投入、协同管理”的松散型总分馆模式、“多级投入、集中管理”的集约型总分馆模式和“单一投入、统一管理”的统一型总分馆模式。前两种建设模式类型均是在不改变原有体制的情况下构建总分馆体系，区别在于松散型的合作层次较浅，仅涉及业务指导和资源共享层面，而集约型的合作层次较深，总馆拥有分馆的部分人事和业务管理权；而统一型与上一种分类思路中的完全分馆式类似，指总分馆隶属于同一个建设主体，分馆是总馆的派出机构②。不管是哪种分类思路，总分馆间的关系紧密程度、合作深度都是主要的分类依据，这些形态多样的建设模式也显示了我国公共图书馆总分馆制建设正处于一个正在发展的过渡时期。

7.3　我国公共图书馆总分馆制改革的重点案例

在公共图书馆总分馆制初步建立的基础上，我国广东、上海、浙江等图书馆事业较发达的地区也在摸索公共图书馆总分馆制进一步改革的方向，即主要通过分馆的建设多元化和服务特色化，提高分馆建设质量，实现优质图书馆服务下沉。

---

① 邱冠华.人民的图书馆:公共图书馆向基层延伸的模式研究[J].图书馆建设,2007(6):19-24,28.

② 金武刚,李国新.中国公共图书馆总分馆制建设:起源、现状与未来趋势[J].图书馆杂志,2014(5):4-15.

7.3.1 省域协调：广东流动图书馆建设

2003年，面对省内经济欠发达地区的县级图书馆资源不足的问题，广东启动了“广东流动图书馆”工程，省财政从2004年起每年向广东省立中山图书馆提供500万—600万元专项购书经费及配套资金，用于购置基层阅读资源，并由广东立中山图书馆负责图书资源在县级图书馆的分配和流通，欠发达地区县级图书馆在与广东省立中山图书馆签订契约成为“广东流动图书馆分馆”后，一方面可获得由广东省立中山图书馆输送的图书文献、数据库和设备等资源，另一方面也需要按照《“广东流动图书馆”建议协议书》的规定履行分馆义务，包括服务落实、图书交换等内容①。截至2020年8月，广东流动图书馆项目已有95个分馆，通过总馆对分馆持久稳定的馆藏支持和服务监督，欠发达地区县级图书馆的服务情况得到有效改善，促进了广东省公共图书馆事业均衡发展。

广东流动图书馆项目取得了显著成效，作为区域公共图书馆服务体系构建的典型模式之一得到广泛关注，并于2007年获得第二届文化部创新奖唯一的特等奖以及全国文化艺术“群星奖”，于2011年作为案例写入文化部全国文化干部教育培训教材《文化建设案例选编》②。广东流动图书馆项目的成功经验主要可以总结为以下三点：①赋予省级公共图书馆在总分馆体系内的资金管理权。广东流动图书馆项目是由省政府委托广东省立中山图书馆开展的，广东省立中山图书馆拥有统一的资金管理权，资源协调能力增强，能为欠发达地区的分馆提供直接的资源支持，落实垂直化的运作模式，使得总馆对分馆的领导能力增强。②提高省级公共图书馆对分馆的业务指导能力。省级公共图书馆可使用图书馆自动化集成管理系统收集和管理分馆的业

① 让图书馆流动起来——广东建设文化大省[EB/OL].(2013-12-02)[2020-08-20].http://whly.gd.gov.cn/service_newldwh/content/post_2843516.html.

② 刘洪辉.梦想与现实:构建普遍均等服务体系——以广东流动图书馆发展为例[J].图书馆,2014(6):49-52,56.

务情况。2005年，广东流动图书馆引入Interlib图书馆集成管理系统用于图书馆集群管理，Interlib管理系统的优势之一是硬软件和维护成本较低，只需在总馆安装好服务器和软件，其他分馆即可通过因特网完成主要业务的自动化管理①。Interlib的使用提高了欠发达地区县级图书馆的工作效率，促进总分馆体系内业务规范统一和馆间合作。同时，省级公共图书馆可为分馆提供远程业务辅导服务以及远程交流所需设备，在辅导部中设置专门人员负责流动分馆事宜②。③依托物流系统实现图书资源流动。广东流动图书馆项目首次将“流动服务”与“物流配送”相结合，构建省域范围内的图书流动系统，开展现代物流理念指导下的动态资源建设，相较于以往的“送书下乡”活动，广东流动图书馆项目提高了图书利用率，盘活了图书馆资源，以较低的成本实现欠发达地区图书馆资源定期更新。此外，广东流动图书馆还要求分馆参照流动理念，视情况下设乡镇村流动服务点，将阅读服务进一步延伸。

7.3.2 均衡服务：上海市嘉定区“我嘉书房”建设

2015年，上海市嘉定区发布《嘉定区创建国家公共文化服务体系示范区实施规划（2015—2017年）》，要求按照“统一文献采购、分编和调配，统一阵地服务规范，统一系统设备标准，统一从业人员管理，统一考核评估办法的原则，推行区镇两级图书馆‘总分馆’模式，并逐步将此模式向村居图书室延伸”，由此逐步搭建了“市—区—镇—村”四级公共图书馆服务网络。2016年上海成立市公共文化配送中心组，2019年基本实现居村四级配送全覆

① 莫少强.艰难而成功的抉择——广东省流动图书馆自动化系统的选择与应用[J].图书馆建设,2007(3):1-2,7.

② 邱冠华,于良芝,许晓霞.覆盖全社会的公共图书馆服务体系:模式、技术支撑与方案[M].北京:北京图书馆出版社,2008:122.

盖，可根据需求调研为市民提供精准的公共文化服务①。

“我嘉书房”的运营是嘉定区图书馆推动图书馆服务进一步延伸，促进图书馆服务全覆盖、均等化的实践。自 2017 年起，上海市嘉定区以社会化合作模式建设 24 小时开放的公共图书馆延伸服务点，称之为“我嘉书房”，至 2019 年底全区已建成“我嘉书房”30 家，全部纳入公共图书馆总分馆体系，与全市公共图书馆通借通还。

为保障书房的可持续发展，“我嘉书房”由嘉定区图书馆负责协调统一管理、提供文献资源和业务培训；街镇文化体育服务中心面向社会招募合作伙伴并进行管理，保障“我嘉书房”的日常运营；社会力量通过提供建设经费和委托经营管理服务等方式参与书房建设；在制度上明确规定书房外借率和活动次数，保证书房切实履行公共文化服务职能；嘉定区图书馆向每个书房派驻一名常驻馆员、党员或中层以上干部，确保书房的服务水平与区级总馆相当②。“我嘉书房”注重特色建设，每家书房都拥有自己独特的主题，不仅提供主题相关的阅读资料和阅读环境，也会据此开展各式各样的文化活动，比如安亭镇的“我嘉书房”以生活艺术馆为主题，提供与专业设计、建筑艺术、工艺美术等主题相关的 1 万多册图书，设置美学区展示各类手工作品，举办电影放映、绘本导读、讲座沙龙等活动；马陆镇的“我嘉书房”以红色文化为主题，书房约有 8000 册图书，其中 2000 余册为党建党史、红色文化类书籍，外观设计上采用“红色”风格，也可作为党员干部的学习场所或爱党爱国教育场所③。

---

① 张熠.四级配送网络基本建成,配送体系今年覆盖到居村　公共文化服务精准送到“家门口”[N].解放日报,2018-12-20(3).

② 段宇锋,张军玲,黄莺.嘉定区图书馆全域服务的构建[J].图书馆杂志,2019(10):63-72.

③ 颜值与内涵并存的网红“公共客厅”我嘉书房,阅读晒照两不误[EB/OL].(2018-08-28)[2020-06-19]. https://www.sohu.com/a/250589232_383591.

7.3.3　特色服务：杭州图书馆主题分馆建设

2008 年杭州图书馆开始通过社会化合作共建或自建等方式建设主题分馆，制定了《杭州图书馆主题分馆建设与管理规范》，为主题分馆建设的标准化、制度化提供支持，经过建设，2019 年杭州图书馆主题馆名录上已有 23 家主题分馆[①]。

主题分馆的主题设置综合考虑了地方特色、周边环境等因素，从多个方面突出主题。比如，在合作方选择方面，与“李白餐厅”合作建设李白诗词文化分馆；在选址方面，选择杭州植物园作为自然分馆的建设地；在空间设计装修方面，改造废旧工厂建设环保主题分馆；在馆藏建设方面，音乐分馆在馆藏建设中增加原版蓝光光碟；在活动设计方面，生活主题分馆开展手工、摄影、美食等系列体验活动[②]。杭州图书馆主题分馆所提供的专门化、常规化的特色服务已得到一定程度的社会认可，形成一些品牌活动，如运动分馆组织开展的足球知识网络竞答活动吸引了 13 个省市的 400 余人次参与[③]。

杭州图书馆在公共图书馆总分馆体系基本完备的基础上，有计划、成规模地建立多种主题图书馆，坚持“一馆一主题”“一馆一特色”，提供专门化的服务，以此满足社会多元化、多层次服务需求，拓展图书馆的服务效能。

7.3.4　基层服务：佛山市南海区读书驿站建设

面对基层公共图书馆硬件资源不足、服务效能差以及区内街镇发展不均

① 2019年杭州市图书馆主题馆名录[EB/OL].(2019-10-08)[2020-07-31].http://www.hangzhou.gov.cn/art/2019/10/8/art_1228974686_40702191.html.

② 剑凯.杭州图书馆绘出一幅“城市书香地图”[EB/OL].(2019-12-11)[2020-06-20].http://difang.gmw.cn/zj/2019-12/11/content_33394201.htm.

③ 柯平，袁珍珍，张畅.主题图书馆的中国实践[J].图书馆建设，2020(1):8-15.

衡、图书馆服务存在盲区等问题，佛山市南海区图书馆采用建设读书驿站的方式增加图书馆基层服务点，有效地将图书馆的服务范围延伸到基层，解决了公共图书馆服务“最后一公里”问题。

读书驿站是提供用户自助服务功能的智能化服务便民书屋，可为居民提供自助借还书、文献检索、数字资源下载等服务。南海区读书驿站的成功之处大致可归纳为以下两点。

一是数量多、布局密。星罗棋布的读书驿站增加了图书馆服务的覆盖面积，这在一定程度上有赖于建设它所需的成本低廉。在硬件方面，驿站面积可在16—350平方米内根据实际情况调整，驿站建筑可依靠组装完成，无需破土动工，建设成本低，选址灵活；在人力方面，驿站的自动化、智能化使其无需派人值守，人工成本低；在资源方面，驿站平均每两周循环更换10%的图书，通过循环提高资源的复合增量，所需的资源投入成本低[①]。相比传统的小型图书馆，读书驿站的人工维护成本减少了75%，建设成本减少70%以上[②]。

二是运营可持续。佛山市南海区读书驿站在经费、组织、政策制度、管理维护上均有保障，可满足驿站可持续发展的各种条件。在经费方面，由南海区、各乡镇（街道）和业主方（社区、小区、园区等）共同投入，社会力量也有投资或资助渠道，区政府设立的“读书驿站建设奖励基金”还会对每个符合条件并已投入使用的驿站奖励15万元；在组织方面，区文体局挂帅的读书驿站建设领导小组发挥领导、统筹作用，下设办公室负责具体的建设工作，各街镇文化站参照成立工作小组；在政策制度方面，颁布《佛山市南海区文化体育局关于开展南海区智慧图书馆（24小时读书驿站）建设工作的通知》、“读书驿站建设标准”等相关文件政策，并设置例会制度以实现及时高效地决策；在管理方面，编目中心、管理中心和配书中心共同构成读书驿站

① 瑚小雪，林国明，陈乃强．读书驿站：广东南海公共图书馆服务打通“最后一公里”探索[J].图书馆论坛，2018(8):117-121.

② 佛山广泛建立读书驿站 打通公共文化服务最后一公里[EB/OL].(2018-01-16)[2020-06-20]. http://www.wenming.cn/dfcz/gd/201801/t20180116_4560398.shtml.

管理维护大系统，由区图书馆统一管理，并落实街镇属地管理责任，同时引入社会力量参与公共图书馆服务，通过志愿者和社区协管、与志愿组织合作协管等方式鼓励公众参与图书馆管理，通过管理中心收集分析各驿站的运营数据，指导配书中心向驿站精准配送图书，实现分众化服务[①]。

截至2020年1月，南海区已建成186间读书驿站[②]，构建了“区总馆—镇街分馆—读书驿站（服务点）”三级图书馆总分馆服务体系，读书驿站显著提高了总分馆体系内的文献利用率和整体绩效。同时，读书驿站建设的边际效益正在降低，在运营绩效上仍需进一步改善[③]，空间不足、功能单一等问题也逐渐突出。对于这一现象，近年来南海区探索建设了一些空间更大的读书驿站，结合地方特色优化空间设计和馆藏结构，尝试承接文化活动。例如，以“读书驿站＋文旅”为主题的西樵观心小镇读书驿站，内置书吧式的休闲阅读空间，引入咖啡轻食商业项目，可承办微型展览、新书发布、读书分享等活动[④]。

7.4 我国公共图书馆总分馆制改革的成就与经验

在现有制度框架下，我国既有公共图书馆选择按契约式协议形成总分馆关系，也有地区在政府主导下系统地规划和建设总分馆体系。实践中，上海、北京、杭州、东莞、佛山、嘉兴、深圳等多地已探索出适合本地的切实可行

① 佛山构建“读书驿站”服务网络 填补公共阅读服务盲区［EB/OL］.（2018-06-08）［2020-06-20］. http://www.wenming.cn/dfcz/gd/201806/t20180608_4715527.shtml.

② 南海这个高大上的读书驿站，在你家附近吗？［EB/OL］.（2020-01-14）［2020-07-30］. https://nanhaitoday.com/nhxww/articles/2020/01/14/27e3e3c9c09a4c95a2b2f3d16f9ec5c9.html.

③ 陈渊，谢文氢，陈长.总分馆体制下的公共图书馆绩效评估研究——以南海读书驿站为例［J］.图书馆论坛，2018（11）：133-139.

④ 南海首家特色读书驿站投用［EB/OL］.（2019-10-24）［2020-06-19］. http://fs.wenming.cn/whhm/201910/t20191024_6116683.shtml.

的公共图书馆总分馆模式，总结归纳出宝贵的经验。广东的流动图书馆项目、上海的“我嘉书房”、杭州的主题分馆、佛山的“读书驿站”等优秀案例引领我国公共图书馆总分馆制改革朝着区域协调发展、合作更加深入、分馆多元建设的方向发展。总的来看，我国公共图书馆总分馆制改革已经取得一些成就和经验。

7.4.1 构建更广泛的区域协调体系

除以县、市级公共图书馆为中心构建总分馆体系之外，还应构建更广泛的区域协调体系。相较于县、市级公共图书馆，省级公共图书馆自身的资源条件更好、服务水平更高，具有更强的领导能力，将省级公共图书馆作为在一省范围内统筹协调公共图书馆事业的主体，能在更广泛的区域内将优质资源和服务输送到欠发达地区，推动公共图书馆事业协调发展。

为解决区域发展不平衡的问题，以广东省为代表的省份率先尝试构建省域公共文化服务协调体系。省级公共图书馆可在政府的财政支持下，建立来源稳定的公共图书馆建设专项资金，为部分资金困难、设备落后的公共图书馆提供资助。为了促进图书文献资源在更广泛的区域内流动，使欠发达地区能够共享发达地区的优质资源和服务，省级公共图书馆通过出台相关政策及规章制度，或签订协议明确总分馆资源共享机制，依托现有的物流系统，构建现代化的图书配送物流网络，使区域内各县级公共图书馆的图书资源得以定期更新。对于区域内各级公共图书馆业务水平参差不齐的问题，可通过构建、推广区域图书馆自动化管理系统来提升图书馆业务管理效率，推动图书馆业务规范化。同时，由服务水平更高的省级公共图书馆为县级公共图书馆提供业务指导、远程业务辅助和专业培训，可带动欠发达地区公共图书馆服务水平的提高。

7.4.2 建立更强大的业务指导能力

公共图书馆总分馆制下的总馆需具备更强大的业务指导能力，才能更有效地提高分馆的业务水平，使优质的服务通过分馆下沉到基层。提升总馆业务指导能力的前提是赋予总馆对于分馆的清晰明确的业务指导权力，规定分馆接受总馆业务指导的义务。在政府主导下，东莞、苏州、嘉兴等地的总馆掌握了分馆的部分业务管理权，为总馆垂直管理分馆提供了必要的条件。

总馆依托专业的管理部门和例会制度对分馆展开业务指导。总馆成立专门的部门负责处理分馆事宜，安排专业人员为分馆提供业务指导服务。总分馆定期举办会议，促进馆间交流，明确业务指导的具体内容和双方职责等信息，提高总馆对分馆的业务指导效率。

为确定业务指导的具体内容，可吸取佛山市南海区读书驿站的经验，在总分馆体系内设置一个管理中心，负责收集和分析各分馆、服务点的服务情况。这有助于实现总馆对分馆的针对性指导，依托总分馆体系内的图书流通网络，定期向分馆配送相应的图书资源。此外，通过对大数据进行分析，总馆可指导分馆开展分众化服务，如定期更新分馆所在地区的用户画像并提供“按需服务”，尤其是要满足弱势群体的需求，使所有群体都能享受到平等、优质的图书馆服务。

7.4.3 推进更多元的分馆建设模式

多元的分馆建设模式是提高分馆建设速度、降低分馆建设成本的有效方法之一，目前推进更多元的分馆建设模式主要有以下两个方向。

一是将社会力量引入分馆建设。通过签订协议等方式与社会机构合作建馆，协商确定合作双方各自的投入和相关义务与权利。比如，由政府提供经费、文献资源和业务服务，由社会机构提供场地空间和设施设备，社会机构自主运营管理分馆，总馆为合作分馆提供与自建分馆同等水平的指导和服务。在与其他机构合建分馆时，杭州、上海等地区还将合作方的特色融入分馆建设，实现“图书馆 +”社会各行业的公共文化服务融合发展。

二是将现有的基层公共设施转化为分馆。除县级图书馆外，县级文化馆、乡镇综合文化站、村（社区）综合文化服务中心（村文化室、农家书屋）等公共文化设施，都有提供阅读服务的场所或空间；除此之外，其他如中小学校、城乡社区综合服务中心、科技馆、工人文化宫、妇女儿童活动中心以及青少年校外活动场所等由公共财政支撑的公共设施也可供利用[①]。将以上公共设施与已有的文化资源进行整合，合作提供公共阅读服务，通过签订协议的形式将其作为分馆纳入总分馆体系，有利于在资金紧张、空间和人力不足的地区以较低成本的方式实现图书馆服务全覆盖。

7.5 我国公共图书馆总分馆制改革的问题与症结

7.5.1 省级公共图书馆的作用尚未充分发挥

尽管广东流动图书馆项目显示了省级公共图书馆在公共文化事业区域协调方面的积极意义，但这一模式尚未广泛推广开来，省级公共图书馆在区域协调方面的作用没有得到充分发挥。我国各级公共图书馆最主要的经费来源是各级政府，而由于各地经济情况以及对图书馆事业的重视程度不同，全国各地公共图书馆总分馆制改革呈现出发展不均衡的问题。部分地方政府或许

① 金武刚. 论县域公共图书馆总分馆制的构建与实现[J]. 中国图书馆学报，2015(3)：42-57.

是出于自身财政吃紧，或许是忽视了图书馆的价值，对当地公共图书馆投入不足，导致图书馆发展滞后、服务能力不足，这种现象在基层以及经济落后地区尤为常见。经费不足给公共图书馆发展带来严重的负面影响，对于经费不足的县级图书馆，则直接影响到其作为该地区总馆的领导能力，公共图书馆总分馆体系难以启动运转；对于基层分馆，经费短缺则会导致总分馆体系内各个分馆发展不均衡，协调发展难度增大，整体效益降低。省级公共图书馆作为服务全省的图书馆，本身具有对省域范围内公共图书馆进行业务指导的责任与能力，同时在省级财政的支持下，省级馆也具备更充足的资源和实力，能够为这些欠发达地区的图书馆提供支持。在实践中，应当更加重视省级公共图书馆在区域协调中的核心作用，使省级馆和其他发达地区图书馆的资源和服务可通过所构建的物流和信息网络输送到所需的图书馆，推动公共图书馆事业的均衡发展。

7.5.2　县级总馆的管理能力不足

《中华人民共和国公共图书馆法》第三十一条明确指出，“县级人民政府应当因地制宜建立符合当地特点的以县级公共图书馆为总馆，乡镇（街道）综合文化站、村（社区）图书室等为分馆或者基层服务点的总分馆制，完善数字化、网络化服务体系和配送体系，实现通借通还，促进公共图书馆服务向城乡基层延伸。总馆应当加强对分馆和基层服务点的业务指导”。可见，在公共图书馆总分馆制中，县级公共图书馆应当起到主导作用。但从全国现有的状况来看，由于县级总馆本身资源和业务能力不足，往往自顾不暇，对分馆能提供的支持和指导有限，由此影响了整个公共图书馆总分馆体系的管理水平和服务效能。

7.5.3 基层分馆建设效果欠佳

一些地区没有事先做好调研和总体长期规划等准备工作，就盲目建设基层分馆，导致后续出现诸多问题难以为继。在现实运作中，部分社区对分馆建设的意义和工作内容了解尚浅，成立分馆的直接动力是获得相关的资金补助或显示社区的“典型性”，随之出现“重挂牌、轻管理”的问题，分馆建立后财政投入、政策保障、专职人员等后续保障跟不上，社区无力维持分馆的正常运行，导致政策要求在实践中得不到落实，分馆服务效能低下，甚至部分分馆长期闭馆，形同虚设[①]。此外，一些地区的总分馆职能重叠，分馆服务没有考虑当地需求，缺乏特色，分馆所提供的资源、服务无法与总馆的标准持平，导致分馆服务范围内的居民往往更倾向于选择距离虽远但服务更好的大型图书馆[②]，公共图书馆总分馆制推进公共文化服务均等化的作用没有得到有效发挥。

---

① 吴理财，刘建. 文化治理视野下图书馆总分馆制的路径偏离及影响[J]. 图书馆论坛，2018(9):85-91,75.

② 刘剑. 基层公共图书馆总分馆建设路径浅析[J]. 图书馆工作与研究，2018(S1):218-220.

8　社会力量参与的改革创新现状与重点案例分析

8.1　我国公共图书馆吸纳社会力量参与的现状

8.1.1　社会力量参与探索阶段

2011 年 10 月，党的十七届六中全会通过的《中共中央关于深化文化体制改革 推动社会主义文化大发展大繁荣若干重大问题的决定》指出："引导和鼓励社会力量通过兴办实体、资助项目、赞助活动、提供设施等形式参与公共文化服务。"这是党中央首次明确提出要引导和鼓励社会力量参与公共文化服务。从此，社会力量参与公共图书馆建设进入了探索阶段。2013 年 11 月，党的十八届三中全会通过的《中共中央关于全面深化改革若干重大问题的决定》进一步提出"鼓励社会力量、社会资本参与公共文化服务体系建设"，以助力现代公共文化服务体系的构建。2015 年 1 月，中共中央办公厅、国务院办公厅印发的《关于加快构建现代公共文化服务体系的意见》比较详细地规定了"鼓励和引导社会力量参与"的形式和要求，并以此作为增强公共文化服务发展动力的重要路径。

在这一阶段，社会力量参与公共图书馆建设包括项目承包、私人建设公益图书馆、慈善捐助、志愿者参与等多种形式，但社会力量参与缺乏足够的法律法规支持与政策激励，社会参与规范性程度不高，相应的监管评估机制也有待发展[①]。

8.1.2 社会力量参与发展阶段

2016 年 12 月，第十二届全国人民代表大会常务委员会第二十五次会议通过《中华人民共和国公共文化服务保障法》。这部法律明确指出："县级以上人民政府应当鼓励社会力量参与公共图书馆管理，并对其给予一定的政策支持。"从此，社会力量参与公共图书馆建设进入了发展阶段。2017 年 7 月，文化部印发《"十三五"时期全国公共图书馆事业发展规划》，对社会力量参与公共图书馆建设作出了比较具体的规定，如鼓励和支持公民、企事业单位、社会团体及其他组织兴建、捐建或与政府部门合作建设公共图书馆，或者通过捐资、捐赠、捐建等方式参与公共图书馆的建设、管理和服务[②]。

在这一阶段，国家从法律层面为社会力量参与公共图书馆服务体系建设提供了有力的保障，社会参与的合法性得以确立。国家政策、法律上的支持大大推动了社会力量参与公共图书馆服务体系建设的步伐，公共图书馆总分馆体系稳步发展，法人治理结构改革深化，基层服务体系进一步完善[③]。

① 张若冰，申晓娟，李丹.社会力量参与公共图书馆服务体系建设现状简析[J].国家图书馆学刊，2015(4):21-24.

② 文化部关于印发《"十三五"时期全国公共图书馆事业发展规划》的通知[EB/OL].(2017-07-07)[2022-08-02]. http://zwgk.mct.gov.cn/zfxxgkml/ghjh/202012/t20201204_906375.html.

③ 刘雪花.法治环境下民间图书馆纳入公共图书馆服务体系研究[J].图书馆，2019(3):26-30,46.

8.1.3 社会力量广泛参与阶段

2017年11月，第十二届全国人民代表大会常务委员会第三十次会议通过《中华人民共和国公共图书馆法》，进一步对社会力量参与公共图书馆建设作出了明确的、更为具体的规定。其第四条第二款规定："县级以上人民政府应当积极调动社会力量参与公共图书馆建设，并按照国家有关规定给予政策扶持。"第六条规定："国家鼓励公民、法人和其他组织依法向公共图书馆捐赠，并依法给予税收优惠。境外自然人、法人和其他组织可以依照有关法律、行政法规的规定，通过捐赠方式参与境内公共图书馆建设。"第十三条第一款规定："国家建立覆盖城乡、便捷实用的公共图书馆服务网络。公共图书馆服务网络建设坚持政府主导，鼓励社会参与。"第二十条规定："公共图书馆可以以捐赠者姓名、名称命名文献信息专藏或者专题活动。公民、法人和其他组织设立的公共图书馆，可以以捐赠者的姓名、名称命名公共图书馆、公共图书馆馆舍或者其他设施。以捐赠者姓名、名称命名应当遵守有关法律、行政法规的规定，符合国家利益和社会公共利益，遵循公序良俗。"第二十三条规定："国家推动公共图书馆建立健全法人治理结构，吸收有关方面代表、专业人士和社会公众参与管理。"第四十六条规定："国家鼓励公民参与公共图书馆志愿服务。县级以上人民政府文化主管部门应当对公共图书馆志愿服务给予必要的指导和支持。"这些规定明确了社会力量参与公共图书馆建设的方式，建立了包括政府购买公共图书馆服务、捐赠者冠名、税收优惠等在内的实施制度，也明确指出社会力量违规兴办公共图书馆应当受到相应处罚①。《中华人民共和国公共图书馆法》实施后，国家大力推动公共图书馆建立健全法人治理结构，吸收有关方面代表、专业人士和社会公众参与管理，推动图书馆体

① 黄莺.社会力量参与公共图书馆建设的实践与思考——以上海市嘉定区公共图书馆为例[J].图书馆工作与研究,2019(4):79-83,101.

制机制创新，全方位促进图书馆规范运行[①]。

社会力量参与公共图书馆服务体系建设发展至此，形成了社会广泛参与图书馆管理与运行机制建设的局面。法人治理结构改革向纵深发展，图书馆总分馆制建设卓有成效，社会力量的资源与资金支持不断加大，基层公共文化服务体系进一步发展，公共图书馆服务体系建设成效初显。

8.2 我国公共图书馆吸纳社会力量参与的主要特点

8.2.1 重视政府主导

无论是公共图书馆总分馆制下的由政府主导的总馆统筹、社会力量建设的分馆协调参与模式，还是理事会制度改革下的政府主导、社会力量参与和市场机制调节模式，抑或是商业投资、公益捐赠、志愿者参与模式等，都应重视政府主导作用。

8.2.2 社会力量参与形式多样

社会力量参与公共图书馆建设的形式除了慈善捐赠、志愿者服务、自办图书馆、合作建设基层分馆之外，也包括参与理事会、政府购买、项目制等新兴形式，社会参与形式呈现出多样化的特点。

① 胡娟.中国文化立法的一座丰碑——柯平教授谈《中华人民共和国公共图书馆法》[J].图书馆工作与研究,2018(1):5-11.

8.2.3　规范化程度逐步提高

早期的社会力量参与公共文化服务的规范化程度欠佳，虽有部分地区出台了专门的地方性法规条文对捐赠、合作建馆等工作进行规范化管理，然而全国性的、统一的法律规范并未出台，各地社会力量参与程度及规范程度参差不齐。2016年以来，国家颁布《中华人民共和国公共文化服务保障法》《中华人民共和国公共图书馆法》等法律法规，确定了社会力量参与公共文化服务的合法性，同时明确政策导向，表彰与奖励突出贡献者，指导与支持社会参与，引导社会资金资本的投入。此后，国家陆续出台专业服务领域的全国性指导意见与办法，社会力量参与公共图书馆建设的规范化程度不断提高。

8.2.4　重视基层参与

社会力量参与基层公共图书馆体系建设过程是公共图书馆体系建设的重要内容。无论是图书馆总分馆制下的社会力量分馆充分利用企业、机构甚至是书店、家庭等第三方空间，发挥社会资源的作用；还是法人治理制度改革下社会力量参与基层图书馆的民主决策活动；抑或是志愿者成为基层图书馆的常态化服务力量，都体现出了社会力量基层参与的广度与深度，体现出了公共图书馆体系建设对基层环节的重视①。

① 宁阳，王旭明．社会力量参与基层图书馆发展的研究与思考［J］．图书馆杂志，2019（1）：54-59.

8.3 我国公共图书馆吸纳社会力量参与的重点案例

8.3.1 政府购买服务

新形势下，增强我国政府的公共服务能力并实现“小政府，大服务”是促进政府职能转变、建立服务型政府的必然要求。2015 年 2 月，文化部、财政部、国家新闻出版广电总局、国家体育总局联合发布《关于做好政府向社会力量购买公共文化服务工作的意见》，要求加快推进政府向社会力量购买公共文化服务工作①。政府购买公共图书馆服务是指公共图书馆的部分或全部业务外包给企业管理和运行，按照政府主导、部门负责、社会参与、共同监督的要求，确保图书馆服务开展②。在国家政策驱动下，我国各地政府积极探索公共图书馆服务外包实践，这改变了传统公共图书馆管理模式。探索外包服务实践，目的是使公共图书馆引进先进运营理念、控制运行成本、创新服务模式，最终提升服务效能。外包创新案例在政府购买服务中产生较大影响的，主要是在区级、镇级、社区级图书馆等领域开展的整体服务外包③。区级图书馆整体服务外包的典型案例包括：2011 年 4 月，艾迪讯电子科技（无锡）有限公司对江苏省无锡市新区图书馆实行整体服务外包管理；2011 年 9 月，广东大音文化发展有限公司对广东省广州市南沙区图书馆实行整体服务外包管

① 国务院办公厅转发《关于做好政府向社会力量购买公共文化服务工作的意见》[EB/OL].（2023-04-12）[2015-05-11]. http://www.gov.cn/xinwen/2015-05/11/content_2860349.htm.

② 霍瑞娟.新环境下社会力量参与公共图书馆管理运行创新研究[J].图书馆学研究，2017(9):19-23.

③ 李红.实行整体外包服务的三个公共图书馆的建设[J].图书馆杂志，2017(1):33-37,32.

理；2014 年 1 月，安徽儒林图书馆咨询服务有限责任公司对安徽省芜湖市镜湖区图书馆实行整体服务外包管理。2011 年 9 月，广东省广州市增城区新塘图书馆由广州市拓新图书有限公司和广州市粤图图书服务有限公司（联合体）实行服务外包管理，这是镇级图书馆整体服务外包的典型案例；2014 年 4 月，安徽省芜湖市滨湖世纪社区图书馆由安徽儒林书业集团实行整体服务外包管理，这是社区图书馆整体服务外包的典型案例。不过，也有个别地方大力探索市级公共图书馆的整体服务外包，如安徽省滁州市图书馆新馆 O2O 一体化运营管理服务综合体项目就是我国市级公共图书馆一体化运营管理服务外包的典型案例。

公共图书馆的整体服务外包能够节约一定的成本，同时促进图书馆的社会化发展，但也产生了一些负面影响。从国际经验和我国相关实践情况来看，这种形式可能带来的问题包括：可能在一定程度上导致地方政府在公共图书馆投入方面的主体责任弱化，削弱图书馆的专业性发展，对图书馆服务创新的可持续发展带来消极影响，等等。我国公共图书馆界的探索表明，整体服务外包的主要应用场景应当是县（区）级以下的基层公共图书馆。在县（区）级及以上的公共图书馆实施整体服务外包，应该慎重为之。

8.3.2 社会力量参与公共图书馆总分馆建设

21 世纪初，我国汲取欧美等国图书馆经验，开始初步探索图书馆总分馆制，推进公共文化服务均等化，建立便捷高效、布局合理的现代公共图书馆服务体系。公共图书馆总分馆制建设在我国走过了政府主导开展、理论实践并举、示范区建设三个阶段，渐趋成熟。目前各地公共图书馆基本建成总分馆体系，社会力量的参与在其中发挥了重要作用。广州市黄埔区图书馆的总分馆建设实践是这方面的代表性案例。

在公共图书馆总分馆制实践日益深入的背景下，出色的硬件条件和管理经验为黄埔区图书馆总分馆制的实施奠定了坚实的基础。宏观上看，黄埔区图书馆在构建总分馆服务网络体系时十分注重借助社会力量，形成多方合力助推图书馆发展。政府主导和社会力量参与的新模式吸引了许多企业、志愿团体和个人的参与，社会公众通过志愿服务、捐款、冠名、合作共建等各种形式加入公共图书馆总分馆建设，不仅加深了社会大众对公共图书馆事业的认识和了解，更实现了公共图书馆整体服务效能的巨大提升。在区域分馆的建设中，这一思路也发挥着显著的作用，“政府主导资源补给 + 企业园区自主运营 + 社会力量参与”的分馆建设新模式服务于企业园区，促进政企合作共赢，吸引社会优质资源投入，实现了文商、文企共建融合，取得了良好的社会效果。

黄埔区图书馆总分馆制的实践经验表明，通过政府主导和社会力量参与的模式，在政府主导、总馆统一管控的基础上，充分利用社会资源、调动社会力量，能够激发社会公众的主观能动性，吸收社会资金和人力资源共建公共图书馆，也能不断提高群众对公共图书馆乃至整个文化事业的关注度和参与度，不断完善公共图书馆管理运行机制，真正发挥公共图书馆总分馆制便民利民的作用。

8.3.3 社会联盟式参与

不少图书馆在探索社会组织参与图书馆活动的路径，其中广州图书馆2017年启动的“广州阅读联盟”建设具有一定的代表性，其以“自愿参与、合作运营”的原则，广泛吸纳社会力量参与图书馆建设。

由广州图书馆首倡的公益性阅读推广平台“广州阅读联盟”，其目标是让有一年以上公益活动举办经历的政府机关单位、社区组织、公益性机构或个人，采用“共享、协同合作”的方式，参与到各类阅读活动的合作举办中来，“在公民当中推行正确的读书方法，提高个人的能力，培育民众的习惯，营造良好文明读书的社会风气”[①]。

加入联盟享受相应权利，也必须履行相应义务。在权利方面，新加入联盟的组织机构可获得广州图书馆给出的每月 1 万元的支付费，在特定情况下还可继续获得更多的经费支持。在义务方面，联盟成员需在广州市行政区域内自行组织以读书沙龙为主、面向公众的阅读活动，每年组织不少于 10 场阅读活动，每次活动参与人数在10人以上。读书会活动主题包括但不限于文学、艺术、教育、健康、饮食、养生、旅游等。活动结束后，主办方需在 5 个工作日内向广州图书馆提交照片、视频、读者反馈、新闻报道等活动资料。各联盟成员需接受广州图书馆的监督与指导，参与每年一次的考核，考核通过者可以继续签订下一年度合作协议，并继续获得经费支持[②]。

8.3.4 志愿服务项目

2016 年以来，《中华人民共和国公共文化服务保障法》《中华人民共和国公共图书馆法》《文化志愿服务管理办法》《关于公共文化设施开展学雷锋志愿服务的实施意见》等法律法规的颁布，进一步规范了图书馆服务的志愿者参与机制，各级各类图书馆都对本馆的志愿者服务进行了一定的引导与规范，广州图书馆志愿者项目便是其中较有代表性的案例。

作为我国最早引入志愿者服务的公共图书馆之一，广州图书馆起先以学生志愿者作为志愿者团体主体，之后慢慢扩展到社会各界。2009 年，“智慧之光”广州图书馆志愿服务队成立。该团队自组建以来，志愿服务工作向制度化、专业化、项目化、社会化、常态化推进，志愿服务队伍不断扩大，志愿服务项目不断拓展。2013 年广州图书馆新馆全面开放后，市民的公共文化服

① 曾茜.广州阅读联盟:广州图书馆的公益阅读平台[EB/OL].(2018-11-27)[2020-08-12]. http://www.cbbr.com.cn/article/125588.html.

② 广州阅读联盟招募阅读组织公告[EB/OL].[2020-08-12].http://www.gzlib.gov.cn/bunotice/147302.jhtml.

务需求旺盛，广州图书馆志愿服务队积极吸纳大批社会力量为广大读者服务，向广大读者展现出热情、文明、奉献的良好形象[①]。

为规范志愿者服务流程，引导公众参与志愿服务，广州图书馆建立了“广州图书馆志愿者”专门网站，提供志愿服务项目申请、学习培训等信息渠道[②]。目前，在志愿者服务项目方面，广州图书馆主要有导读员、大厅咨询、活动助理 3 种志愿服务类型，服务所在部门包括信息咨询中心、广州人文馆、少儿部、文献流通部等，其中以少儿部服务岗位居多。学习培训方面，广州图书馆根据志愿服务岗位的不同，分别提供盲人读者服务技巧培训、图书馆知识培训（世界读书日、参考工具书选择利用的原则、网络信息检索策略等 59 条内容）。

志愿者服务是公共图书馆服务的重要组成部分，有力地弥补了图书馆人手欠缺的不足。此外，广泛吸纳社会志愿力量的参与，对于提高公共图书馆的影响力、增强公民的公共文化建设事业参与度都产生了重要影响。

8.3.5 读者参与采购

图书馆“读者决策采购”兴起于国外，是一种赋予读者采购决策权的资源建设模式[③]。依据读者的实际文献需求或电子图书的使用情况来确定文献的购入，使读者从文献资源建设的接受者转为发起者和决策者。

我国日渐兴盛的“菜单式采购”实质上是“读者决策采购”的本土化模式，其同样赋予了读者采购的决策权。“菜单式采购”更注重在“文化惠民”

---

① 广州图书馆志愿服务队荣获“2016年度优秀文化志愿服务团队”称号［EB/OL］.（2016-12-08）［2020-07-29］.http://volun.gzlib.org.cn/tworker/information/495.

② 广州图书馆志愿者官网［EB/OL］.［2020-07-31］.http://volun.gzlib.org.cn/tworker/pcindex.

③ 樊国萍.读者决策采购——用户需求驱动的文献资源建设模式［J］.大学图书馆学报，2012（6）:57-61,82.

的政策环境下为读者提供服务。国务院印发的《乡村振兴战略规划（2018—2022年）》指出，深入推进文化惠民，推动政府向社会购买公共文化服务，要开展“菜单式”“订单式”服务，加强公共文化服务品牌建设[①]。

广东省立中山图书馆的“你悦读，我采购”活动、广州图书馆的“你选书，我买单”活动都是“菜单式采购”模式的典型案例，通过将社会力量引入图书采购环节，提高了图书馆工作效率和资源利用效率。例如，广东省立中山图书馆与广州购书中心共同举办的“你悦读，我采购”活动[②]在书店设立“现采现借”服务点，持有图书馆读者卡的读者，在书店现场选择心仪的、符合图书馆入藏条件的图书，由图书馆现场采购后借给读者，读者阅后直接归还图书馆，从而将读者的阅读需求直接转化为图书馆采购。但“菜单式采购”模式并不是让读者随意选择任何图书，而是在特定的范围内进行选择，这个“范围”即“菜单”，从而在引入社会力量参与采购的同时，保障馆员选书的专业性。

在我国公共图书馆，类似于“菜单式采购”的还有图书荐购，两者主要区别在于，图书荐购是立足于图书馆主体“自上而下”地考虑用户需求，而非用户主动地参与反馈，图书荐购的结果会由馆员进行综合处理，结果不一定告知用户；而在“菜单式采购”中，读者的需求能够得到及时有效的反馈，更能够激发读者的积极性。

8.3.6 文旅融合特色发展

“文旅融合发展”是我国“十四五”时期文化体制改革的重要目标。文旅融合的文化机构发展模式，也是社会力量参与文化事业改革和公共图书馆事

① 中共中央国务院印发《乡村振兴战略规划（2018—2022年）》[N].人民日报,2018-09-27(1).

② “粤读越精彩”全民阅读系列活动——“你悦读，我采购”活动[EB/OL].[2018-01-01]. https://www.zslib.com.cn/jingtaiyemian/hongbao/index.html.

业建设的重要方式。广东省文化和旅游厅发起的“粤书吧”项目，便是社会力量参与公共图书馆文旅融合发展模式建设的代表性案例。

“粤书吧”是由广东省文化和旅游厅发起，采取全省统一标识，通过嵌入方式，按照“一吧一特色”的原则，在旅游景点、宾馆、民宿以及游客交通聚集区（机场、客运站等）等区域建立图书馆分馆、服务网点，以落实文旅融合的政策要求，开展随时随地的阅读服务。根据《广东省文化和旅游厅关于公布首批文旅融合“粤书吧”试点名单的通知》（粤文旅公〔2020〕44 号），全省共有 86 家书吧入选为首批“粤书吧”试点，广东省立中山图书馆负责建设南沙花园酒店“粤书吧”、白天鹅宾馆“粤书吧”和河源巴伐利亚庄园“粤书吧”。2020 年 1 月 17 日，广东省第一家建设完成的“粤书吧”——南沙花园酒店“粤书吧”正式试运营，标志着广东首个公共文化设施进入旅游行业试点正式落地[①]，具有重要的探索意义。广州南沙花园酒店“粤书吧”由广东省立中山图书馆提供文献资源支持，不定期开展多种创意性读书分享及主题沙龙活动，兼顾书吧、咖啡吧、休闲空间等多种体验功能。

2020 年 4 月，广东全省各地开始推广“粤书吧”建设。项目开展初期，广东省文化和旅游厅先后在省内各地开展广泛的实地考察调研，分析图书馆与旅游经营单位双方的优势，明确双方在“粤书吧”建设上各自的供给和需求、权利和义务，在实地调研的基础上出台相关文件完善顶层设计。馆藏建设方面，“粤书吧”馆藏由“必备书目 + 自选书目”的书籍构成，展阅书籍在 1000 册以上。其中，必备书目由广东省文化和旅游厅制定发布，并定期更新。自选书目由各地级以上文化和旅游行政主管部门、“粤书吧”所属图书馆及旅游经营单位根据当地文化和旅游特色、游客（住客）阅读偏好等确定，突出文化旅游主题，注重拣选可读性强的休闲读物。鼓励利用当地非遗、红色文化资源进行非遗、红色文化展示和宣传，形成地域鲜明的主题书吧，拓展文

① 黄宙辉.广东首间“粤书吧”在广州南沙正式试运行[N].羊城晚报，2020-01-19(1).

旅融合内涵[①]。活动培育方面，“粤书吧”分享会通过组织挖掘旅游达人、行业专家、非遗传承人、艺术大咖等不同领域人士在各地“粤书吧”举办带有地方特色、有助于传播与推广人文旅游、互动性强的地方特色文化分享沙龙活动，使参加者通过分享阅读经验与交流从而形成独具文化旅游运营单位特色的活动。人员培训上，“粤书吧”的日常运维管理由旅游经营单位派员承担，“粤书吧”及其所属图书馆也必须对有关工作人员加以培养，让其熟悉并掌握借阅登记流程、藏书分类、活动开展、服务效能统计资料填报等基本技能，尽可能避免书刊资源流失。

通过全面细致的项目建设，广东陆续产生多个代表性“粤书吧”建设案例，除南沙花园酒店“粤书吧”以外，广州沙面白天鹅宾馆“粤书吧”、佛山市顺德区逢简梁公馆民国书舍“粤书吧”、开平市立园“粤书吧”、茂名市牙象大地艺术公园“粤书吧”、信宜市窦州古城“粤书吧”等，都以其独特的旅游资源和区位优势，成为“粤书吧”项目的优质建设成果。

茂名市牙象大地艺术公园“粤书吧”内景

① 省文化和旅游厅开展2020年“粤读越精彩”全民阅读系列活动[EB/OL].(2020-04-17)[2020-11-24]. http://whly.gd.gov.cn/gkmlpt/content/2/2977/post_2977537.html#2628.

信宜市窦州古城“粤书吧”

“粤书吧”的建设和可持续发展，有赖于旅游经营单位与公共图书馆之间的通力合作。有别于其他社会力量，旅游经营单位在环境、场地、资本和潜在读者数量上，均有着其他社会力量不可比拟的优势。公共图书馆与旅游单位等社会力量合作建设“粤书吧”的实践，使得图书馆有效参与了文旅融合发展。通过充分调动旅游单位等社会主体的积极性，使他们参与到公共图书馆服务转型升级和服务效能提质增效的社会实践中，也拓展了社会力量参与公共图书馆事业建设的广度和深度。此外，在各旅游景区、风景名胜区建设“粤书吧”，也是公共图书馆服务下沉的体现，为公共图书馆总分馆体系建设提供了有力的支撑。

8.4 我国公共图书馆吸纳社会力量参与的成就与经验

8.4.1 注重社会力量参与路径引导

当前我国社会力量参与公共图书馆服务改革有较为合理的路径引导。总体上看，社会个人、团体或组织成员都可以作为读者，参与图书馆的书目采购，为图书馆馆藏建设发展与读者需求的满足提供支持；也可以作为志愿者，直接参与公共图书馆的服务过程，向用户提供公共文化服务，缓解公共图书馆人力资源的短缺；还可以作为合作主体，与公共图书馆建立合作关系，共同建设公共文化服务空间。多样化的文化服务参与路径，使得社会力量可以多种身份、多种形式参与到公共文化事业的建设实践中，而对于社会力量参与路径的合理引导，也使得社会力量参与公共文化服务变得有序化、高效化、多样化，为公共图书馆服务效能的提高提供支持。

8.4.2 重视社会力量参与机制的规范化与标准化

社会力量参与机制的规范化与标准化，是提高社会主体参与公共图书馆建设效率的重要手段。无论是读者参与采购过程中，公共图书馆为读者提供书籍“菜单”，以确保采购书籍的质量可控、范围合理；还是社会力量参与公共图书馆总分馆体系建设过程中，规范志愿服务、捐款、冠名、合作共建等各种参与形式，始终坚持政府主导，确保公共文化服务建设方向正确；抑或是政府购买服务过程中，严格要求服务提供方资质，建立健全市场准入与退出机制，保障公共图书馆服务质量的有效提高——这些都体现了公共图书馆社会力量参与机制规范化、标准化程度的不断提高。这使得社会力量参与公共图书馆的服务程序更为正当、权责更加统一，有力推动了参与效率与质量的提高。

8.4.3 积极促进各类社会群体参与图书馆建设

长期以来，我国公共图书馆都在不断推动社会力量参与主体的多样化。例如，志愿服务项目广泛招募小学生、中学生、大学生等青少年群体参与图书馆的图书整理、巡视监督、接待等工作，鼓励大学生团体开展公益讲座，积极推动青少年群体参与到公共文化服务中来。又如，在读者参与采购过程中，充分重视老年人群体的阅读需求，关注残障群体对阅读资源与设备的特殊要求，积极推动弱势群体参与提升图书馆服务质量的过程中来。再如，在公共图书馆总分馆建设过程中，积极吸纳社会家庭、个人的参与，推动图书馆与社会组织的合作等。这些都体现了公共图书馆关注不同社会群体需求，大力促进各类社会群体参与公共图书馆建设的有效实践。

8.5　我国公共图书馆吸纳社会力量参与的问题与症结

8.5.1　社会力量参与的准入标准与相关规范建设不完善

社会力量参与公共图书馆管理的模式仍需改进创新。政府购买服务的提供方、社会合建分馆的合作方的服务水平和服务质量参差不齐，目前我国尚未形成统一的准入标准与规范，相关制度建设并不完善。尽管国家颁布了《中华人民共和国公共文化服务保障法》《中华人民共和国公共图书馆法》等法律法规，以及诸如《国务院办公厅关于政府向社会力量购买服务的指导意见》《文化志愿服务管理办法》等面向专业服务领域的全国性指导意见与办法，确定了社会力量参与公共文化服务的合法性，同时明确支持社会参与，但总体上看，这类政策文本多为原则性意见，对于具体的社会力量准入制度与标准规范建设并无明确要求。虽然广州等地有出台专门的地方性法规条文对社会捐赠、合作建馆等工作进行规范，但这类规范辐射范围窄、地方性强，并不具备普适性。因此，推出全国性的、具备普适性的，针对政府购买服务、社会合建分馆和志愿者服务等方面进行规范的政策法规，迫在眉睫。

8.5.2　缺少科学的社会力量评估制度

自首次开展全国县级以上公共图书馆评估工作以来，我国至今未对图书馆社会力量参与情况进行过考查。此外，评估工作又针对县级以上的公共图书馆进行，对于基层公共图书馆的评估明显欠缺。虽然国内部分地方正在引进第三方评估机制，从社会捐赠、社会合作、志愿服务等方面对社会力量投入图书馆事业建设中的情况开展评估，但从实践上看，这些评估机制指标仍有较大的优化空间。

8.5.3　社会力量参与的长期性和稳定性缺乏保障

公民、法人和其他社会组织，往往以 3 至 5 年为一个合作周期，其可持续发展存在不确定性。当一个合作周期结束后，原先的社会合作主体是否会继续与图书馆合作是未知的。倘若终止合作，这将带来新旧合作主体在工作衔接方面的问题，且不同合作主体理念上的差异也势必会对图书馆工作的长期稳定发展带来挑战。

9 公共图书馆管理运行机制改革创新的战略构想

近年来，配合我国全面深化改革、事业单位改革、文化治理现代化、构建公共文化服务体系等重点政策，我国公共图书馆不断探索管理运行机制的改革创新，不断开展有关改革创新的理论研究，取得了初步的改革成效，但仍存在一些问题。

进入“十四五”规划时期，公共图书馆需要以保障人民群众的文化权益，提升公共图书馆服务效能为目标，更加深入探索管理运行机制改革的思路与方式。

9.1 改革创新思路

围绕目前公共图书管理运行机制改革中存在的问题，结合改革的基本目标，本项目研究团队提出以下改革创新思路。

9.1.1 总体方向：深化治理，激发活力

党的十九大报告提出深化事业单位改革的战略任务。当前，新的社会发

展阶段对文化事业单位的功能、职责、绩效等都提出了新的要求，其现行管理机制、运行机制、资源配置方式等已滞后于社会发展及民众对文化的需求[①]。公共图书馆作为文化事业单位，当前也面临着管理机制、运行机制、资源配置方式等滞后的问题，受制于事业单位机制的束缚和影响，管理运行机制僵化，缺少活力。因此，从文化治理的视角来考量公共图书馆的改革方向是刻不容缓的命题。

公共图书馆的管理运行机制改革是与国家事业单位改革同步、同调的，其基本目标是为了激发事业单位制度的活力，落实公共图书馆的法人自主权，深化文化治理现代化，满足社会发展以及民众对文化的需求。

对于政府而言，促进公共图书馆建立现代化的治理结构，意味着政府要转变职能、简政放权，充分尊重公共图书馆事业单位的独立法人地位，避免进行过多行政干预。但这并不以意味着政府要对公共图书馆不管不顾，政府仍需要从以下三方面进行宏观管理：一是指导督促事业单位按照国家有关规定，健全完善管理制度；二是对关键环节实行备案监管；三是通过多种渠道实施督察监管，例如实地走访、收集群众意见等。

9.1.2 绩效评价：效能为准，基层为重

公共图书馆绩效评价是衡量公共图书馆服务能力、激励图书馆服务提质增效的有力途径，但目前我国公共图书馆绩效评价机制仍存在一定问题。首先，当前的绩效评价工作主要以图书馆的软硬件设施设备、馆藏量、馆舍面积等硬性数据为指标，对于服务效能、服务成绩等软性指标的关注度不足。其次，我国自 1994 年首次开展全国县级以上公共图书馆评估工作开始，至 2018 年共进行了 6 次公共图书馆评估工作，但评估对象一直是县级以上公共

① 李媛媛.新时代深化文化事业单位法人治理结构改革的政策难点与对策建议［J］.国家行政学院学报,2017(6):125-130.

图书馆，对基层公共图书馆服务状况的评估工作明显缺乏。

“十四五”时期是公共图书馆事业发展的又一个重要时期，应该完善与优化公共图书馆绩效评价评估体系，建立健全基层公共图书馆绩效评价体系，推动公共图书馆服务效能的提升与服务积极性、创造性的提高。

在战略实施层面，公共图书馆绩效评价机制的改革创新应当以服务效能为评价标准，将基层公共图书馆评价纳入公共图书馆体系评价范畴内。首先，关注图书馆服务效能水平，以读者访问量、文献借阅量、年新增读者量等服务数据为抓手，将服务效能与服务成绩量化，推动服务效能评价评估机制的建立健全；其次，应将县级以下基层公共图书馆纳入绩效评价范围内，将总分馆制下分馆的服务绩效与总馆绩效挂钩，重视基层服务评估，促进公共图书馆体系整体服务效能的全面提升。

9.1.3 人才队伍：提高待遇，提供平台

公共图书馆人才队伍的质量是公共图书馆提供高品质服务的保障，合理的人力资源配置有利于各类型图书馆开展日常业务[①]。当前我国“公共图书馆人才队伍严重短缺、人才结构不合理、文化创新人才和科研人才缺乏”[②]。尤其是经济落后地区的基层公共图书馆，更是人才缺乏，县级图书馆发展受限[③]。据此，笔者提出以下两个解决方法。

（1）提高图书馆员的待遇，创新收入分配制度，加强对业务绩效进行考核，增加绩效工资，提高图书馆员的收入。

---

① 国家质量监督检验总局，标准化管理委员会.公共图书馆服务规范：GB/T 28220—2011［S］.北京：中国标准出版社，2012.

② 丁亮，夏洞明，董群.公共图书馆创新人才现状分析及培养对策研究［J］.图书情报工作，2015（S2）：8-13.

③ 黄萍.民族地区县级图书馆人才培养现状研究分析——以桂北地区为例［J］.图书馆研究，2018（6）：56-62.

（2）提供图书馆员职业发展的平台，督促馆员接受继续教育，加强专业技能的学习，提高服务水平。各地的图书馆学会可以面向图书馆相关从业人员举办各类继续教育课程，各公共图书馆也可以在馆内组织各类技能培训、专业讲座、读书分享会等，与开展图书馆学专业教育的学院加强交流，切实打造一个适合馆员职业发展的平台。

9.1.4 法人治理：全面铺开，落实权责

公共图书馆法人治理改革是新时代深化文化体制改革的重点任务，也是推进图书馆领域治理能力现代化的关键工作之一，是激活图书馆活力、促进图书馆提高服务效能在管理层面的重要举措。目前全国已经有 100 多家公共图书馆建立起以理事会为标志的法人治理结构，部分图书馆在打破体制机制障碍、促进政事分开和管办分离、调动社会资源、建立监督机制等方面取得了一些经验与成果。“十三五”时期，我国公共图书馆的法人治理制度总体上仍处于试点、探索阶段，不少公共图书馆尚未组建理事会，公共图书馆的法人治理结构建设发展仍面临不少突出问题，得到业界普遍认可的实质性成效还未能显现。具体问题包括：相关人事和财务制度改革尚未落实，导致理事会对图书馆重大事务缺乏真正的决策权；理事会成员公开招募比例不够大，图书馆外部理事对图书馆事务缺乏系统专业的了解，不能充分代表社会公众进行专业决策；理事会监督管理制度尚未完善，缺乏决策失误追究制度、年度工作报告制度、重要信息公开制度、绩效评价制度等。对此，笔者提出以下两点改革战略思路。

（1）全面落实开展公共图书馆法人治理结构建设

目前全国已经有 100 多家公共图书馆建立起以理事会为标志的法人治理结构，取得了初步的改革成效，为全国各地全面推进法人治理改革提供了先进经验。“十四五”时期，有关部门应制定适用于全国的《公共图书馆法人治

理重点项目落实方案》，推动全国各地建立健全配套措施，落实公共图书馆的人事管理自主权和扩大收入分配自主权，积极吸纳社会人士参与治理，形成具有地方特色的、多元共治的治理方式。

（2）明确公共图书馆与举办单位、理事会之间的权责关系

建立以理事会为决策议事机构、管理层为执行机构、监事会为监督机构的“三位一体”的法人治理结构，并在未来着重扩大理事会权限范围，逐步落实对图书馆建设发展规划、重大项目、重要服务、重大项经费开支、薪酬分配等重要事项的决策权。政府举办单位只对关键环节进行监督，真正实现管办分离。

9.1.5 体系建设：加强指导，充实内容

目前公共图书馆体系建设已在全国范围内普及开来，经过各地的公共图书馆广泛实践，整体基本框架已初步搭建完成。上海、广州、杭州、佛山、嘉兴、苏州等地更是走在公共图书馆总分馆制建设前列，探索出了各具特色的发展模式，为其他地区的公共图书馆总分馆制建设提供了丰富的经验参考。同时，公共图书馆总分馆制建设还存在很多问题，如：总馆对分馆的领导力度薄弱，分馆服务效能不足、服务内容单一、后续发展乏力等。有必要总结国内实践经验，充分发挥公共图书馆总分馆制对促进公共文化服务均等化的作用，深入提高我国现代公共文化服务体系建设水平。对此，笔者提出以下两点改革战略思路。

（1）进一步加强总馆对分馆的业务指导力度

在公共图书馆服务体系建设过程中，部分总馆由于自身能力有限，在业务管理等方面经验不足，可供支配的资金和资源未能达到总馆应有标准，导致其业务能力不高，对总分馆体系内的人、财、物管理协调能力不足，总馆对分馆的影响有限。部分总馆对分馆的建设的监管能力不足，缺乏常态化的、

切实有效的考核机制，使得部分分馆的后续发展缺少有力的规范和引导，服务效能不高。

要建立一个体系完善、服务高效的公共图书馆服务体系，首先要做强总馆，提升总馆的业务能力。其次，在总馆强大的基础上，总馆需要加强对分馆的业务指导力度。要完善相关管理运行机制改革，使总分馆职责划分更为清晰，总馆对分馆的人、财、物等资源的协调能力和业务管理层面的领导能力进一步增强。

（2）充实分馆尤其是基层分馆的服务内容，强化服务体系

公共图书馆总分馆制建设中，部分地区出现分馆“重建设、轻管理”的现象：分馆建设、管理不规范，人、财、物等配套资源不足，无法满足服务需求，整体服务效能低下，服务内容单一，部分分馆与总馆存在职能重叠，没有与当地文化特色相结合。部分分馆的配套政策、设施资金缺少保障，无法支持分馆的后续发展。

应当借鉴发达地区经验，将其推广到全国。例如，杭州图书馆在总分馆制建设过程中探索积累了“主题化”的发展经验。杭州图书馆在馆藏、空间设计装修、活动开展等方面加入主题特色设计，坚持“一馆一主题、一馆一特色”，为基层群众提供多样化服务。其在杭州市各区结合环境和合作方特点建设了生活主题分馆、佛学主题分馆、运动主题分馆、环保分馆、盲文分馆等多个主题分馆、服务点，实现了“主题化”发展。

“十四五”时期，应当促使各个总分馆体系中的分馆进一步充实服务内容，推动服务形式多样化，发展主题服务和特色服务，满足群众多样化的精神文化需求。建设以服务效能为导向的考核和评估机制，推动总分馆建设规范化，促进总分馆服务效能提升。

9.1.6 社会力量：规范参与，吸纳资源

社会化是推动新时期公共图书馆事业发展的重要趋势。目前，我国社会力量参与公共图书馆建设仍存在不少问题。首先，社会力量参与的准入标准和相关规范建设不完善，导致社会力量参与公共图书馆建设的程度与水平参差不齐；其次，社会力量参与的评估评价制度不完善、社会力量参与的长期性与稳定性保障缺乏，也使得社会主体参与的积极性不足，公共图书馆服务资源吸纳能力有限。在政策层面，尽管《中华人民共和国公共图书馆法》等相关法律法规明确鼓励社会力量参与公共图书馆建设，但目前的规范主要是原则性的，具体的指导性法规和意见明显欠缺。

社会力量参与公共图书馆建设是解决公共图书馆体系建设人力短缺、经费不足和场馆限制的有效手段之一。“十四五”期间，为最大程度保障人民群众的基本公共文化权益，有必要建立健全社会力量参与公共图书馆建设的政策法规，明确社会力量的法律地位，并建立健全相应的共享、协调、沟通、协作和保障机制，完善监督管理体系，促进公共图书馆事业的社会化发展。

从战略实施层面上看，公共图书馆应当重点优化政府购买服务、社会合建分馆和志愿者服务三方面的社会力量参与模式。

首先，形成以公益性为导向的社会力量参与规范，完善社会力量参与的准入与退出机制，明确服务的公益性，推动社会力量参与的程序透明化、规范化。

其次，发展以公共性为主导的社会合建分馆，明确社会合作主体角色定位，理顺政府、社会与市场的关系。

再次，完善以多样性为导向的文化志愿机制，推动文化志愿者来源的多样性发展，规范志愿者管理工作，合理引导文化志愿者，加强志愿激励机制建设，提高文化志愿者的参与积极性与主动性。

9.2　战略目标：共享协同，融合发展

“十四五”期间公共图书馆管理机制和运行机制的改革创新，应把重点放在公共图书馆体系的建设上，打造省域公共图书馆体系，实现各级图书馆共享协同、融合发展。

在公共图书馆服务体系中，省级公共图书馆往往有着较为充足的资源和较高的业务能力，能很好地起到协调统筹各级公共图书馆的作用。广东省立中山图书馆打造的“广东流动图书馆”项目已经实施了10多年，为省域公共图书馆体系建设探索出了一条可行的路径。

建设省域公共图书馆服务体系，不仅需要确立基本的建设原则和针对不同层级图书馆的发展指引，也需要图书馆内部运行机制和外部配套政策的支撑，从而推进法人治理改革、总分馆制建设、社会力量参与、绩效评估、人才队伍建设等方面的管理运行机制改革。

9.3　重点方案：省域公共图书馆体系建设

9.3.1　存在问题

公共图书馆体系的建设，从本质上说是图书馆管理机制和运行机制的改革创新。以往各地的探索实践证明，仅靠图书馆自身的“职业行为”推动，很难全面实现网点的合理布局、资源的优化配置、人财物的统筹协调很难保

证总分馆制的有效实施、高效运行和持续发展和公共图书馆体系的建设[①]。“十三五”以来，《关于加快构建现代公共文化服务体系的意见》《中华人民共和国公共文化服务保障法》《国家“十三五”时期文化发展改革规划纲要》《中华人民共和国公共图书馆法》等国家法律和政策的颁布，从宏观上为公共文化服务体系的发展奠定了政策基础，也有力助推了公共图书馆体系的建设发展以及图书馆管理机制和运行机制的变革。《中华人民共和国公共图书馆法》规定，“县级人民政府应当因地制宜建立符合当地特点的以县级公共图书馆为总馆，乡镇（街道）综合文化站、村（社区）图书室等为分馆或者基层服务点的总分馆制”。但具体来看，“十三五”期间，公共图书馆总分馆制度的活力并没有得到充分的发挥，部分建设环节仍存在一定问题，服务效能提升存在阻碍，具体表现为以下几方面。

（1）县级公共图书馆指导能力不足

在县域总分馆模式下，县级公共图书馆作为区域总馆，负责对其所在县域的街道和社区分馆进行业务指导和资源调配，起到统筹协调的作用。但目前县级总馆对街道和社区基层图书馆的指导能力远远不足，对进一步推进公共图书馆服务体系的建设造成了阻碍。其主要是由两方面因素导致：第一是部分县级总馆本身资源和业务能力不足。总分馆制对总馆和分馆有不同的要求，比如总馆重在规划组织体系发展、指导援助分馆服务，因此公共图书馆总分馆制建设首先需要做强总馆，这样分馆才能提供与总馆水平相当的基本服务的能力。然而，目前不少县级总馆本身的业务能力不足，对分馆能提供的资源与人才支持和指导有限，分馆对总馆的指导认同度较低，这在欠发达地区的表现尤为突出。第二是县级总馆对分馆的指导缺乏明确的政策与制度保障。例如，《关于推进县级文化馆图书馆总分馆制建设的指导意见》中仅指出“有条件的地方可以探索总馆统一管理或参与管理各分馆人财物”，一般而

① 李国新.新阶段 新目标 新任务——《关于推进县级文化馆图书馆总分馆制建设的指导意见》解读[J].图书馆杂志，2017(3):7-8.

言“总馆对分馆的管理重在业务指导和资源调配”。由于没有明确规定总馆对分馆的管理权利以及分馆需要履行的义务，总馆在业务指导和资源调配方面多有掣肘，甚至出现部分体系中的图书馆不愿共享资源的情况。由于总馆对分馆的约束力不足，政策中要求的“分馆按照总馆的工作安排和服务标准，面向基层群众提供与总馆水平相当的基本服务”也就难以实现了。

（2）省级公共图书馆的作用尚未充分发挥

目前，我国总分馆制度建设中较为成功的案例大多是由市级中心馆带动县级总馆和各街道和社区分馆进行的，省级公共图书馆未直接参与其中。省级公共图书馆作为省域范围内公共图书馆的中心机构，应当充分发挥自身在区域公共图书馆体系网络中的中枢作用，统筹协调区域内市、县级公共图书馆发展，构建全省文献资源保障与共享体系。但目前，省级公共图书馆在图书馆体系中起到的更多是“输血式”的作用，主要向市、县级公共图书馆提供资源，并未直接参与到市、县级公共图书馆的内部管理与服务建设过程中。总体上看，省级公共图书馆的地位和作用不突出，并未起到行业引领的作用，也没有形成较为成功的案例经验。市级中心馆或发达地区的市级馆对公共图书馆体系的整体影响更为突出。

（3）总分馆体系服务效能不高

考察各地公共图书馆总分馆体系，普遍存在服务效能不高的问题。第一，广泛存在分馆建设、管理和服务不到位现象。在部分地区，个别分馆职能与总馆重叠，服务单调，缺乏特色。特别是一些地方并未正确认识村（社区）分馆的建设意义，将其视为形象工程，“重挂牌，轻管理”，缺乏稳定的馆舍、经费、专业人员等基础资源配置，导致村（社区）分馆难以正常运行[①]，通过公共图书馆总分馆制推进均等服务的作用没有得到有效发挥。第二，只强调三级公共图书馆设施建设，忽略服务体系中各馆之间的资源共享和协调。由

① 吴理财，刘建.文化治理视野下图书馆总分馆制的路径偏离及影响［J］.图书馆论坛，2018（9）：85-91，75.

于缺乏关于公共图书馆服务体系的概念，在某种程度上造成县域内的三级公共文化设施各行其是，上下缺乏联通，资源不能共建共享，服务难以形成合力，严重影响县域公共文化服务体系效能的发挥①。

9.3.2 省域公共图书馆体系建设目标

为加快完善更高质量、更有效率、更加公平、更可持续的现代公共图书馆服务体系，不断满足人民日益增长的美好文化生活需要，持续提高社会文明程度，扎实推进社会主义核心价值观深入人心，“十四五”时期应更好地发挥省级公共图书馆在公共图书馆体系中的作用，推动省域公共图书馆城乡一体建设，构建高质量的省域公共图书馆服务体系，完善省、市、县（区）、镇、村五级总分馆服务体系；进一步发挥公共图书馆体系的制度优势，推动省域公共图书馆服务体系建设从“管理”到“治理”的转变，强化省馆的统筹协调和指导引领作用，加强市馆的业务支撑和示范作用，提升县馆的服务创新和专业能力，带动镇（街）、村（社区）分馆和服务点均衡发展，丰富个性化服务，解决图书馆服务“最后一公里”问题，持续提升服务效能。

9.3.3 省域公共图书馆体系建设的必要性与可行性

（1）必要性

作为省域内公共图书馆的中心机构，省级公共图书馆在公共文化服务体系中占据主体地位②。充分发挥省级公共图书馆在公共图书馆体系以及总分馆体系中的引领作用，促进基本公共文化服务可持续发展，是公共图书馆事业

① 戴珩.提高县域公共文化服务效能的重要途径——《关于推进县级文化馆图书馆总分馆制建设的指导意见》解读[J].图书馆杂志,2017(3):11-12.

② 柯平,尹静.省级公共图书馆在公共文化服务体系中的功能定位[J].国家图书馆学刊,2008(4):40-45.

发展的迫切需要。

从实践要求上看，省域公共图书馆体系的建设，应当突破原有的县域总分馆的局限，从省域全局角度考虑总分馆制体系的创新发展，要突出省域公共文化体系建设的整体方向。就具体工作思路而言，“十四五”时期的总分馆制建设，应当从以县级公共图书馆为总馆，镇（街）和村（社区）级公共图书馆、文化站为分馆的县域总分馆模式，发展到以市级公共图书馆为中心馆，统筹县级公共图书馆资源调配，参与县级及以下公共图书馆内部管理的市级中心馆总分馆，再到以省级公共图书馆为中枢馆，统筹全省各级公共图书馆资源、资金配备，统一管理全省公共图书馆服务的省域中枢馆总分馆模式。

（2）可行性

从实践上看，省域公共图书馆总分馆体系建设具备实践基础。作为具有十多年探索经验的代表性项目——广东流动图书馆建设项目可以为建设省域公共图书馆体系建设提供宝贵的参考经验。

广东流动图书馆项目是在广东省建设“文化大省”“文化强省”的政策目标下实施的项目。该项目以广东省立中山图书馆为龙头，分别在粤东、粤西、粤北地区以县级图书馆为平台，整合资源形成“龙头带动”和“中心辐射”的图书物流，通过多种途径的创新，实现省级公共图书馆与基层公共图书馆之间长期稳定的文献信息资源共享。经过十余年的建设，广东流动图书馆项目基本形成了包含省、市、县（区）、乡镇（街道）、村（社区）在内的五级公共图书馆服务体系。通过垂直化的运作模式，项目先后设立了 85 家流动分馆，协助分馆在乡镇（街道）、村（社区）设立基层服务点约 600 个。截至 2020 年底，在粤东、粤西和粤北地区建成 95 家流动图书馆，累计接待读者 9638.7 万人次，办理图书证 78.08 万个，阅览文献 17097 万册，外借文献 2089.4万册，提供咨询255万件①。通过视频管理、邮件沟通、工作简报交流、

① 广东省立中山图书馆.广东流动图书馆16年：上册［M］.广州：广东人民出版社，2020：7.

业务上报系统等管理手段和方法，广东省立中山图书馆与基层公共图书馆之间形成了统一的管理运行机制，搭建起了一个高效低耗的沟通平台[①]。

经过长期的探索和实践，广东流动图书馆项目在建设省域公共图书馆服务体系方面积累了不少宝贵经验。针对县级公共图书馆能力不足的问题，广东省立中山图书馆依靠省级财政的支持，建成了多个分馆，把优质图书资源配送到各个分馆，为各分馆提供计算机集成管理系统、统一书目数据系统等技术支持，开展馆员互访、岗位挂职、跟班学习等形式促进各馆馆员进行行业内学习交流，促进流动图书馆项目加盟馆提升业务能力，也提高了公共图书馆服务体系的效能。

在广东流动图书馆项目中，面对省级公共图书馆如何正确发挥作用的问题，广东省立中山图书馆在探索中逐渐找准定位，发挥了作为省级中枢馆的协调和引导作用，明确市、县级公共图书馆及其分馆建设的主体应该是本级政府，流动图书馆项目只能起扶持、引导的作用。2010 年前后，各加盟馆借助省馆的文献支持逐步以本馆为中心，向乡镇和街道延伸图书馆服务。目前所有加盟馆的总分馆建设全面铺开，进展顺利，公共图书馆事业的投入主体进一步下移，市、县政府成为公共图书馆总分馆建设的主体，基本解决了事业发展的体制机制问题。广东省省域公共图书馆体系建设的成就与经验充分表明，省域公共图书馆总分馆体系建设具备实践可行性。

9.3.4 项目内容

打造省域公共图书馆体系，需要从省域的角度认识省、市、基层三个层级图书馆的作用，针对不同层级的公共图书馆建设需要采取不同策略，改革现有的图书馆管理运行机制。受体制机制因素影响，我国形成了公共图书馆

---

① 刘洪辉.梦想与现实:构建普遍均等服务体系——以广东流动图书馆发展为例[J].图书馆,2014(6):49-52,56.

的设施配置和服务能力从国家—省—市—县—乡镇—村逐级递减的结果[①]，因而各级公共图书馆在总分馆制建设中应当承担的角色不尽相同。

省级公共图书馆作为服务全省的图书馆，在省级财政的支持下具备较为充足的资源和实力，能对省域范围内的其他公共图书馆进行业务指导和统筹，也具备为省内欠发达地区的图书馆提供资源和业务指导的能力。因此，省级公共图书馆在公共图书馆体系建设中应主要发挥指导、示范、引领、顶层设计等作用。

市级公共图书馆由市级政府出资扶持，相比起县级及以下的公共图书馆而言有更充足的资源和更强的业务能力。因此，市级公共图书馆应当发挥“承上启下”的重要作用，配合省级公共图书馆开展相关服务，同时指导基层公共图书馆的建设。

而县级公共图书馆作为县域内的总馆，在提升自身业务水平的基础上，还需要发挥协调县域内其他基层公共图书馆的作用，加强乡镇、村图书馆（室）的建设，解决公共图书馆服务的“最后一公里”问题。

面向省域公共图书馆体系建设，省级公共图书馆可以打造“六大中心”，为全省公共图书馆事业发展提供支撑。

（1）通过“六个中心”，充分发挥省级公共图书馆“中枢馆”的作用

在省域公共图书馆体系建设过程中，要切实发挥省级公共图书馆指导、示范、引领、顶层设计等作用。通过打造“六个中心”，发挥省级公共图书馆的资源、地位优势，推动总分馆体系的省域建设。具体为：

①建设全省“读者用户中心”，集中统一管理全省各级图书馆已注册读者用户数据，实现“一张网”（五级总分馆体系）、“一张卡”（读者证）、“全省一盘棋”，图书通借通还。省级公共图书馆作为省级中枢指导，统筹市、县级公共图书馆读者用户相关服务工作。

---

① 王景发.图书馆服务体系构建下省级图书馆的作为［J］.图书情报工作，2013（11）：32-36.

②建设“书目数据中心”，把各级公共图书馆书目数据合并，开放省级公共图书馆的电子资源，使得优质电子资源可以向全省各级公共图书馆辐射，鼓励各级公共图书馆建设特色资源库并推进数字资源共建共享，建立统一管理平台，实现资源管理一体化和文献资源通借通还。

③建立省级“参考咨询中心”，建立统一的参考咨询服务中心，各级公共图书馆系统可以共享省的公共图书馆的数字图书馆资源，并为读者提供网上联合参考咨询服务[①]，省内各级公共图书馆无法满足的参考咨询需求可以由资源较为丰富的省、市级公共图书馆满足，促进省内参考咨询服务融通互助。

④建立“资源管理中心”，统筹管理省内各级公共图书馆服务资源，合理规划资源调配方案，形成资源互补态势，构建全省文献信息资源共享与保障体系。

⑤建设省内图书馆“协作协调中心”，以合作共建的模式统筹协调区域内市、县级公共图书馆发展，促进省内公共图书馆区域联动发展，加强合作，推动协作协调。

⑥建立省内“人才培养中心”，每年对欠发达地区馆员进行培训，组织省内专家进行展开巡回指导，切实提高全省馆员整体素质，推动省级公共图书馆建成人才高地，通过基层馆到省馆跟班学习、省馆到基层馆指导培养等方式，进一步提升全省公共图书馆人才队伍水平。

（2）通过“四类融合”，充分发挥市级公共图书馆“中心馆”的作用

切实发挥市级公共图书馆上下互通、融合指导的作用，推进市域公共图书馆建设。“四类融合”具体指：

①资源共享，推动市级公共图书馆资源向基层公共图书馆辐射，共享阅读服务资源，为基层公共图书馆资源保障体系建设提供支撑，同时接纳省级

① 刘洪辉．迈向体系——广东流动图书馆建设回顾与展望［J］．图书馆论坛，2020（11）：16-20.

公共图书馆资金、资源支持，合理分配资源格局，推动省域信息资源共享。以广东省为例，在政府主导下，各级公共图书馆的资源共享工程应融入粤港澳大湾区区域建设、广佛肇一体化建设、深东惠一体化建设、珠中江一体化建设、潮揭汕一体化建设的进程中，实现区域联动、突破地域边界。

②服务联动，切实发挥市级公共图书馆“承上启下”的重要作用。市级公共图书馆应配合省级公共图书馆开展相关服务，同时指导基层公共图书馆，推动省内各级公共图书馆服务的联合与联动发展。

③业务统筹，市级公共图书馆承接省馆下达的业务发展指标任务，统筹基层公共图书馆业务绩效考核工作，切实保障图书馆体系建设稳步推进。

④管理协作，发挥市级公共图书馆的中心馆“承上启下”作用，加强区域公共图书馆协作，促进省内各级公共图书馆协调发展。

（3）利用“三种路径”，充分做好县域公共图书馆的融合发展工作

充分利用已有资源，推进县域公共文化机构的融通融合和社会参与，提升服务效能。以县域总分馆体系中的县级总馆为龙头，充分带动乡镇、乡村等第四级、第五级图书馆（室）的服务效能提升及融通融合发展。在融通融合的视域下，“三种路径”具体为：

①多元化建设，积极推动社会力量参与到县域公共图书馆的建设过程中来，通过发展政府购买服务、志愿者服务、读者参与采购、志愿捐赠等多元方式，建设基层公共图书馆。

②主体化发展，进一步强化县域总分馆体系中县级公共图书馆的主体地位，切实整合县级图书馆、街道及社区图书馆的文献资源，基层文献资源统一采购、统一编目、统一配送，总馆与分馆之间实行一体化管理，推动统一服务平台建设。

③分众化服务，细分各类服务对象，除常规服务以外，还应重视为青少年、老年人、残障人士等弱势人群提供便利化服务，为偏远地区、公共文化设施覆盖盲区的群体提供充分的流动文化服务等，切实满足各类社会群体的

基本文化需求与阅读需求。

9.3.5 实施路径

建立省域公共图书馆体系是现代公共图书馆服务体系在新时代的新探索、新发展，史无前例，未来可期。根据省域公共图书馆体系建设构想，实施路径包括但不限于以下方面。

（1）确立建设原则

在文化和旅游部的指导下，由中国图书馆学会组织编制有关省域公共图书馆体系建设的政策文件，确立相应的建设原则，推动省域图书馆体系建设工作稳步推进。

首先，明确“分类指导、区域共享”的原则，明确省、市、县（区）、镇、村五级图书馆建设体系，针对不同级别的公共图书馆制定不同的指导方针，同时推动省内各区域图书馆信息资源的共建共享，提高省域图书馆体系的整体性与共享度。

其次，需明确“分步实施、提升成效”的原则，分阶段、分部分完成各级图书馆建设目标，推动省域图书馆尤其是基层图书馆服务效能的切实提高，强化上级馆对下级馆的业务统筹与指导能力，推动省域公共图书馆体系建设有序进行。

最后，应明确“共建共享、联合提升”的原则，充分发挥省级公共图书馆的资源优势，做好省内资源的统筹与调配工作，加强省级文献信息资源保障体系建设，推动各级图书馆服务的共建共享，通过联合与协调发展，切实提高服务效能。

（2）建立发展指引

在编写有关省域公共图书馆体系建设政策文件的基础上，进一步制定相关“发展指引”，推动各级公共图书馆效能的进一步提升。充分发挥省级公共图书馆中枢馆的作用，推动省级公共图书馆发展为全省读者用户中心、书目数据中心、参考咨询中心、资源管理中心、协作协调中心、人才培养中心，提升省馆的影响力，促进省馆资源优势的充分发挥；努力做好市级公共图书馆资源共享、服务联动、业务统筹、管理协作的“四类融通”，推动市级公共图书馆发挥上下互通、融合指导的作用，着力建设“中心馆”；推动县级公共图书馆在融通融合的视域下实现多元化建设、主体化发展、分众化服务，充分利用已有资源做好县域内各图书馆的融合共建。

（3）提供配套政策

在文化和旅游部指导下，进一步完善有关省域公共图书馆体系建设的配套政策，推进图书馆管理运行机制改革。

首先，深化法人治理结构改革，推动理事会制度进一步发展，吸纳社会各界群众参与到图书馆治理中来，促进省域内的公共图书馆接受社会各界监督，激发图书馆的活力，创新面向读者需求的图书馆管理和服务形式，提高服务效能。

其次，明确公共图书馆体系中各级公共图书馆建设的主体、具体职能以及权责关系，各级公共图书馆根据自身业务能力，发挥相应的业务指导和资源协调作用。积极吸纳社会力量参与公共图书馆体系建设，推动包括县（区）图书馆、乡镇（街道）图书馆、村（社区）图书馆（室）、流动服务点、自助图书馆等多个服务节点在内的公共图书馆总分馆制建设。

最后，进一步推进社会力量参与，大力发展社会组织参与图书馆建设与阅读推广活动实践、志愿服务项目、政府购买服务，缓解公共图书馆资源紧张、人手不足等问题，为省域公共图书馆体系建设提供资源与人才支持。

（4）创新绩效评估制度

在有关省域公共图书馆体系建设的政策文件的指导下，创新图书馆绩效评估制度，加强图书馆人才队伍建设。

首先，推动图书馆绩效评估激励机制改革，促进评估主体多元化、评估体系高效化、评估方法自动化以及评估机制科学化，切实提高公共图书馆服务积极性与主动性，提升服务效能。

其次，推进图书馆人才队伍激励机制改革，加强馆员培训，提升馆员专业能力，创新激励类型，优化人才评审制度，拓宽人才发展空间，提升馆员工作积极性与职业认同感。

9.3.6 保障条件

省域公共图书馆体系建设是一个功在当代、利在千秋的宏大工程，要达成使命，全面建成，实现可持续发展，需要一系列的保障条件，包括但不限于以下方面。

（1）政策保障

文化和旅游部在政策方面给予支持，统筹协调，落实相关政策和支持条件，为省域公共图书馆体系建设创造条件。各级政府及其文化主管部门应该着力落实省域公共图书馆总分馆体系相关的保障、支持和奖惩措施，制定具体方案，鼓励社会力量参与体系建设，着力推动省级馆“中枢馆”、市级馆“中心馆”以及县级总馆相应作用的发挥。

（2）人才保障

省级馆着力打造好省域“人才培养中心”，为省内各级公共图书馆建设提供人才支撑，通过集中统一培训、专家巡回指导等方式，切实提高全省图书馆员专业水平与服务素质。依托省级馆优势，打造人才高地，吸取广东省流动图书馆项目的人才培养经验，通过馆员互派、跟班学习等形式，促进各级公共图书馆结对帮扶，各级图书馆馆员之间相互学习交流[①]，从整体上提升馆员的专业水平和实践能力。

---

① 刘洪辉.迈向体系——广东流动图书馆建设回顾与展望[J]. 图书馆论坛,2020(11):16-20.

（3）资源保障

中央财政为“省域公共图书馆体系建设项目”划出充足预算，向地方财政部门下拨专款资金用于相关工作。省级馆充分发挥馆藏资源优势，打造省域文献信息资源共享与保障体系，为下级图书馆提供资源支持。同时，市级馆充分发挥中心馆作用，合理配备资源，支撑县级图书馆与镇、村级图书馆的融合联动发展。